Peter Dinzelbacher

Die Templer

Wissen, was stimmt

HERDER spektrum

Band 6138

Das Buch

Schon im Mittelalter rankten sich zahlreiche Mythen und Legenden um den Orden der Tempelritter. Ihr schreckliches Ende wurde begleitet von Halbwahrheiten, Gerüchten, Verleumdungen und Verschwörungstheorien, die bis heute kursieren. Der Band »Die Templer. Wissen, was stimmt« gibt präzise Auskunft über die Geschichte der Rittermönche und trennt die historischen Tatsachen von den Klischees. Dabei entsteht das Bild eines machtvollen Ordens, der die mittelalterliche Welt entscheidend beeinflusste und unsere Vorstellungen vom Mittelalter prägt.

Der Autor

Peter Dinzelbacher, geboren 1948, Honorarprofessor für Sozial- und Mentalitätsgeschichte an der Universität Wien, ist ein renommierter Kenner der Religionsgeschichte des Mittelalters.

Peter Dinzelbacher

Die Templer

Wissen, was stimmt

HERDER
FREIBURG · BASEL · WIEN

Originalausgabe

www.herder.de

Umschlagkonzeption und -gestaltung:
R·M·E Eschlbeck / Hanel / Gober
Umschlagfoto: © Sammlung Rauch/Interfoto
Autorenfoto: © privat
Layoutkonzeption: rsrdesgin, Wiesbaden

Herstellung: fgb · freiburger graphische betriebe
www.fgb.de

Gedruckt auf umweltfreundlichem, chlorfrei gebleichtem Papier
Printed in Germany

ISBN 978-3-451-06138-7

Inhalt

Die Gründung des Templerordens

Birgt der Name der Templer ein Geheimnis?

Die Entstehung der ›neuen Ritterschaft‹

»Ritter vom Tempel Salomonis«, »Tempelherren«, »Templer«. Schon der Name scheint ein Geheimnis zu bergen. Was kann man nicht damit assoziieren? Den Zions-Berg in Jerusalem, Herz der jüdischen Religion, auf dem einst der Tempel Jahwes stand, eine riesige Anlage auf mehreren Terrassen. Aber auch den Tempel der antiken Religionen, den germanischen Hof-Tempel, die slawischen Tempelfeste. Das Faszinosum des Begriffs scheint ein geradezu Mythen förderndes Moment gewesen zu sein.

Freilich war das keineswegs der Name gewesen, den sich eine kleine Gruppe französischer Ritter adeliger Herkunft selbst gegeben hatte, als sie – knapp vor dem Jahr 1120 – beschlossen, sich als Schutztruppe für christliche Pilger im Heiligen Land zu organisieren. Vielmehr bezeichneten sie sich anfangs als die »Armen Ritter vom Grab Christi« und noch im 13. Jahrhundert als »Miliz

Christi«. Es war reiner Zufall, dass der damalige König Balduin II. von Jerusalem (das seit der Eroberung durch die Kreuzfahrer 1099 ein christliches Reich war) der neuen Gemeinschaft gerade ein Gebäude zur Verfügung stellte, welches sich innerhalb des altjüdischen Tempelbezirks befand. Hätte er ihnen zum Beispiel Häuser in der Nähe eines der vielen Türme der Stadtmauer angeboten, so wären die Herren eben als die Ritter vom Herodes- oder vom Misttor bekannt geworden, was zwar nichts an ihrer Geschichte, vielleicht aber einiges an ihrer Rezeptionsgeschichte – an ihrem Mythos – geändert hätte. Es sollte sich als Anknüpfungspunkt von Legenden erweisen, dass man im Mittelalter vom Orden als Ganzem oder den jeweiligen Niederlassungen verkürzt als »Templum« sprach, selbstverständlich ohne irgendeine Anspielung auf einen nicht christlichen Tempel.

Aber schon ein berühmter deutscher Schriftsteller des frühen 13. Jahrhunderts, Wolfram von Eschenbach, begann, an dem Mythos des Namens zu spinnen, indem er in seinem Parzivalroman die Hüter des Grals als »Templeisen« bezeichnete. Zahllose Hypothesen hat man auf dieser Grundlage entwickelt; warum der Dichter aber gerade diese Verbindung konstruierte, mit der er von dem älteren französischen Gralsroman abweicht, hat noch niemand mit Gewissheit herausgefunden.

Angst vor der Hölle

Was war das Ziel der ersten Templer, des adeligen Hugo de Paganis und seiner Freunde, als sie den Entschluss fassten, nicht mehr in ihr ritterliches Leben im heimatlichen Frankreich zurückzukehren? Ihr Ziel war es, durch ein Leben in Armut und Keuschheit dort ihre Sünden abzubüßen, wo der Religionsstifter gelebt hatte, um nach dem Tode der Hölle zu entgehen. Man versteht das Mittelalter nicht, wenn man sich nicht bewusst macht, dass das Dogma von den ewigen Strafen in der Unterwelt einer der mächtigsten ›Kulturhebel‹ dieser Epoche war. Denn fast niemand zweifelte an der Existenz und Furchtbarkeit dieser Stätte in der Mitte der Erde, sie war ganz real, was schließlich jene Feuer speienden Berge bewiesen, deren glutflüssige Gesteinsschmelze bis zur Oberfläche emporstieg, die Vulkane. Klöster und Kirchen, religiöse Kunstwerke und eben auch Orden hätten nie existiert, wenn diese unablässig gepredigte Drohung nicht zutiefst ernst genommen worden wäre.

Die französischen Ritter begaben sich zum geistlichen Oberhaupt Jerusalems, zum katholischen Patriarchen Warmund, und legten vor ihm die drei monastischen Gelübde ab: Armut, Keuschheit, Gehorsam. Dieser befahl ihnen, als Buße für ihre Sünden genau das zu tun, was sie am besten konnten, nämlich zu kämpfen. Denn die Kreuzritterstaaten, christliche Enklaven in einer muslimischen Welt, waren ständig im Äußeren wie im Innern gefährdet, jederzeit konnte ein Zug waffenloser Pilger von einer der Hafenstädte ins Landesinnere überfallen werden, und das geschah auch immer wieder.

Entstehung der Militärorden

Die Tempelritter waren nur einer von zahlreichen neuen christlichen Orden, die um 1100 entstanden. Gab es das Mönchtum in Europa wenigstens seit dem 9. Jahrhundert fast nur mehr in Gestalt der Benediktiner, kamen nun, nach dem Investiturstreit, Gemeinschaften auf, die sich zumindest am Beginn durch ein viel strengeres Armutsideal auszeichneten. Kartäuser, Zisterzienser, Prämonstratenser wurden als vor allem kontemplative Gemeinschaften gegründet, Ritterorden wie die Templer, Hospitaliter (vor allem die Johanniter) und Deutschherren als aktive, militärische Orden. Die beiden Letztgenannten widmeten sich im Unterschied zu den Templern allerdings auch karitativen Aufgaben.
Die große Innovation, die die katholischen Militärorden darstellten, bestand darin, dass das unbedingte Verbot für Mönche und Nonnen, Blut zu vergießen, außer Geltung gesetzt wurde, und dass sie nicht nur den liturgischen Gottesdienst und Psalmgesang lebten, sondern alternierend damit als Ritter mit allen Brutalitäten der damaligen Kriegsführung in die Schlachten zogen.

Günstlinge des Papstes

Die Päpste des 12. Jahrhunderts begrüßten und förderten die neue Gemeinschaft; grundlegend wurde die Bulle *Omne datum optimum*, mit der Papst Innozenz II. im Jahre 1139 den Orden bestätigte, mit Privilegien versah und den Kampf der ›neuen Ritterschaft‹ für das Christentum als Tat größtmöglicher Liebe (zu den eigenen Glaubensgenossen) rühmte.

Erst später begann eine gewisse Kritik an den immer reicher werdenden Brüdern, die sich immer unabhängiger gerierten. Doch sind noch im 13. Jahrhundert bedeutende Privilegien für den Orden erlassen worden. Alexander IV. etwa befahl mit einer Bulle vom 3. Januar 1256 unter anderem, dass kein Templer ohne päpstliche Genehmigung von den Bischöfen mit Kirchenstrafen belegt werden dürfe, die Priester mussten sie ohne die sonst üblichen Begräbnisgebühren bestatten. Wer dem Orden etwas vermachte, bekam einen Nachlass bei noch abzuleistenden Kirchenbußen. Einmal im Jahr durften Ordenspriester auch in jenen Kirchen die Messe feiern, die gerade unter dem Interdikt standen, dem strafweisen Verbot aller liturgischen Handlungen, und überhaupt sollten die Bischöfe die Rittermönche in allen Belangen nach Kräften unterstützen.

Solche Vorteile zogen auch Krieger an, die nicht dem Orden beitreten wollten, aber als Affiliierte ein paar Jahre mit den Templern gemeinsam gegen die Muslime stritten, um so ihr Seelenheil zu sichern. Sie konnten dann im Vertrauen darauf nach Europa zurückkehren, dass sie bereits einen guten Teil des Fegefeuers auf Erden abgegolten hatten und ihnen der Himmel gewiss war, falls sie keine neuen Todsünden auf sich luden.

Kenner des Orients

Die Tempelherren waren im Orient aber auch, nicht anders als die sonstigen Militärorden, eine Art Anlaufstelle für viele, die aus dem Abendland als waffenlose Pilger nach Palästina kamen. Die Rittermönche waren mit den dortigen Lebensweisen vertraut (für viele Neuankömmlinge zu vertraut auch mit Nichtchristen) und konnten verschiedentlich Hilfe leisten. Wer zum Beispiel durch Gerichtsbeschluss auf eine Strafwallfahrt nach Jerusalem geschickt worden war, erhielt bei den Tempelherren eine Bestätigung für daheim, dass er diese tatsächlich absolviert hatte. Das garantierte seine Wiederaufnahme in die christliche Gemeinschaft an seinem Heimatort.

Ehelosigkeit

Aus den Aufnahmebestimmungen für Novizen laut den Templerstatuten: »Zuvor fragen wir Euch also, ob Ihr ein Weib oder eine Verlobte habt, die Euch nach den Gesetzen der heiligen Kirche zurückbegehren könnte? Denn falls Ihr die Unwahrheit sagen würdet und es sich morgen, übermorgen oder in der Folge begäbe, dass sie kämen und bewiesen, dass Ihr ihr Mann wärt und dass sie Euch nach dem Rechte der heiligen Kirche zurückverlangen könnte, so würde man Euch das Templerkleid ausziehen, Euch in schwere Ketten werfen und mit den Sklaven arbeiten lassen. Und wenn man Euch Schmach genug zugefügt hätte, würde man Euch bei der Hand nehmen und Euerem Weibe zurückgeben. Ihr aber wärt auf immer des Ordens verlustig!«

(Nach der Übersetzung von Münter, S. 57)

Wurde man Templer aus Frömmigkeit?

Warum man dem Orden beitrat

Wir haben oben schon darauf hingewiesen, dass der entscheidende Grund für Frömmigkeitsleistungen im ganzen Mittelalter die Furcht vor der ewigen Verdammnis in die Hölle war. Nicht nur Almosen oder Schenkungen wurden ausdrücklich aus diesem Grund gegeben, sondern es erfolgten deshalb auch viele Klostereintritte von Männern und Frauen.

Gottesfurcht gehörte unbedingt zur religiösen Spiritualität jener Epoche, und so werden auch die meisten Templer die ewigen Gelübde aus Frömmigkeit abgelegt haben.

Bisweilen lassen sich aber, wie bei den sonstigen geistlichen Orden, auch andere Gründe nachweisen. Gerhard von Ridefort, der etwa von 1184 bis 1189 die Position des Großmeisters innehatte, war in Jerusalem Hausmarschall des Königs Balduin IV. gewesen. Er wählte die Ordenslaufbahn aus Enttäuschung, nämlich als es ihm nicht gelang, die Herrin einer wichtigen Burg zur Ehefrau zu bekommen. Zu verdanken hatte er das dem Reichsverweser Graf Raimund, dessen Feind er auch im Verteidigungszustand blieb – sehr zum Schaden der Christen in Outremer (Jenseits-des-Meeres: die Kreuzfahrerstaaten). Auch als König Philipp IV. von Frankreich in den Orden aufgenommen werden wollte, haben ihn kaum nur religiöse Motive bewegt; vielmehr scheint er geplant zu haben, den Orden sozusagen ›von innen‹ seiner Herrschaft zu unterwerfen. So hätte er auch leichter mit den großen finanziellen Schulden umgehen können, die er den Rittermönchen gegenüber bereits hatte.

Zwangsmitglieder

Obwohl die Templerregel es ausdrücklich verbot, Novizen unter dem 21. Lebensjahr zuzulassen, wurde diese Bestimmung nicht streng angewandt. So wurde zum Beispiel der erst zwölfjährige Dauphin von Auvergne Tempelherr, da dem Orden daran lag, einen derartig hochgestellten Fürsten in seinen Reihen zu haben (sehr zu seinem Unglück, denn er gehörte zu jenen Templern, denen Philipp IV. von Frankreich ab 1307 den Prozess machte). Man kennt noch die Namen einer ganzen Reihe von Ordensmitgliedern, die zwischen ihrem zehnten und zwanzigsten Jahr eingetreten sind – zweifellos in der Regel nicht auf ihren eigenen Wunsch, sondern den der Eltern und des Ordens.

Wer aber freiwillig als Erwachsener als Ordensritter zu Schlachten und Belagerungen in den Orient ging, anstatt sich mit dem bequemen Leben in einer europäischen Komturei zu begnügen, wird in der Regel wohl geglaubt haben, durch heroischen Kampfeinsatz gegen die feindliche Religion der Hölle zu entkommen und das Himmelreich zu gewinnen. Sagte Christus doch nach dem Zeugnis des Evangelisten Matthäus selbst: »Denket nicht, ich sei gekommen, Frieden auf die Erde zu bringen; ich bin nicht gekommen, Frieden zu bringen, sondern das Schwert.« (Mt. 10, 34)

Verfügten die Templer über übermenschliche Kraft und Mut?

Die Ordenspropaganda des heiligen Bernhard von Clairvaux

Nur spärlich war zunächst der Zuzug, den die armen Ritter in Jerusalem aus ihrer Heimat erhielten; immerhin schloss sich ihnen mit Hugo, Graf der Champagne, ein bedeutender Fürst an. Vielleicht hätte sich die kleine Gemeinschaft jedoch gar nicht zu einem Orden ausgewachsen, wäre ihr nicht die Unterstützung eines Abtes zuteilgeworden, der eben dabei war, zum wichtigsten Mann der Kirche seiner Zeit zu werden. Der Zisterzienser Bernhard von Clairvaux (1090–1153) wurde als mystischer Theologe, als mitreißender Prediger, vor allem aber als charismatischer Wundertäter weit über die Grenzen seiner französischen Heimat hinaus verehrt. Er hätte zweifellos Bischof, Kardinal, Papst werden können, falls er das angestrebt hätte. Aber sein Einfluss war auch so enorm.

Die Ordensregel

Insbesondere er, aber auch die anderen Prälaten, die sich 1129 auf einer Synode in Troyes trafen, waren von der Zielsetzung der Gemeinschaft beeindruckt. Man beschloss, sie in jeder Hinsicht zu fördern. Bernhard sollte eine Regel ausarbeiten – bislang hatten die Ritter sich nur an mündlichen Normen orientiert. Sie ist in der Originalfassung nicht erhalten, aber man weiß, dass sie benediktinische und zisterziensische Gedanken enthält, zum Beispiel die Betonung der Marienverehrung. Schließlich erinnert ja auch die weiße Farbe des Templerhabits an die der Zisterzienserkutten. Der Jerusalemer Patriarch und der römische Papst bestätigten dieses Dokument, womit die Templer zu einem in der ganzen lateinischen Christenheit anerkannten Mönchsorden wurden. Übrigens sollte sich auch der jüngere Deutsche Orden bei der Abfassung seiner Regel vielfach an jener der Tempelherren orientieren.

Aufhebung des 5. Gebots

Bernhard verfasste auch eine Werbeschrift für die »neue Ritterschaft«, in der er eine Reihe bemerkenswerter Grundsätze aufstellte. Tatsächlich setzte er das Tötungsverbot der Bibel für die Kriegermönche außer Kraft. Sie können, schrieb er in seinem Traktat *Zum Lob der neuen Ritterschaft*, nicht sündigen, wenn sie einen Feind Christi töten. Sie werden aber von ihren Sünden frei, wenn sie als Märtyrer für Christus sterben. So ist die Tötung eines »Heiden« (wie man die Muslime allgemein nannte) genauso Gewinn wie der eigene Tod im Kampf, da er geradewegs ins Paradies führt – eine Einstellung, die uns leider auch aus der Gegenwart wohl bekannt ist, wenn auch nicht mehr im christlichen Bereich. Vieles aus dieser Schrift *Zum Lob der neuen Ritterschaft* ging in die Templerregel ein; in der lateinischen Fassung heißt es ausdrücklich, völlig legitime Pflicht der Ritter sei es, den Islam auszurotten. »Denn es ist klar, dass ihr besonders beauftragt seid und es eure Pflicht ist, für eure Brüder das Leben einzusetzen und auch die Ungläubigen, die allezeit dem Sohn der Jungfrau feind sind, von der Erde zu vertilgen« (»de terra delere«, § LVIII [45]). Ähnlich äußerte sich Bernhard von Clairvaux auch in Predigten für den Zweiten Kreuzzug gegen die noch nicht christianisierten Slawen im Nordosten des Deutschen Reichs: Bekehrung oder Auslöschung.

Heilige Krieger

Bernhard, der selbst in einer burgundischen Familie dieses Standes geboren worden war, forderte die Ritter seiner Heimat auf, sich nicht mehr in Fehden untereinander aufzureiben, die ihre Seelen mit Sünden beladen und in die Hölle führen mussten, sondern heldenhaften Kampf und Tod in den Kreuzfahrerländern zu suchen. Der Mut der Templer wird dazu ins Fantastische übertrieben, ebenso ihre Tugenden (wie krasses Desinteresse für Körperpflege oder unbedingter Gehorsam). Dabei entwirft der Heilige das Idealbild templerischen Verhaltens ganz auf der Grundlage der Bibel: Die Rittermönche »stürmen auf den Gegner los, als wollten sie sagen: ›Soll ich die nicht hassen, Herr, die dich hassen, und die nicht verabscheuen, die sich gegen dich erheben?‹« (Psalm 138, 21). Ihr Sieg im Kampf liegt nicht an der Größe ihres »Heeres, sondern an der Kraft, die vom Himmel kommt.« (1. Makkabäer 3, 18 f.) Häufig war es schon so, dass fast nur »ein einziger hinter tausend [Feinden] herjagte, und zwei zehntausend in die Flucht schlugen.« (Deuteronomium 32, 30) Ein Tempelherr tötet mit gutem Gewissen: »Denn nicht ohne Grund trägt er das Schwert; er steht im Dienst Gottes und vollstreckt das Urteil an dem, der Böses tut, zum Ruhm aber für die Guten.« (Römer 13, 4 f.; auch

1. Petrus 2, 14) Und so weiter. Es gibt kaum einen Satz in diesem ganzen Traktat, der nicht durch die Wortwahl oder die Konstruktion wenigstens an eine Stelle der Heiligen Schrift erinnern würde.

Sicher war es weniger diese Eloge selbst (die Mehrzahl der Ritter konnte nicht lesen, und schon gar nicht Latein) als die auf ihrer Grundlage betriebene Mundpropaganda, die die Templer bis zur Mitte des 12. Jahrhunderts zu einem schon ansehnlichen Ritterorden machten. Man stiftet ihnen Geld, Burgen, Ländereien; schnell begannen die »armen Ritter« reich zu werden. Papst Innozenz II. (1130–1143), ein Schüler Bernhards, unterstellte sie exklusiv dem Heiligen Stuhl, womit die Bischöfe, denen eigentlich ein Visitationsrecht zukam, keine offizielle Möglichkeit mehr hatten, sich irgendwie in Ordensangelegenheiten einzumischen.

»Ein neues Monster«

Die Reaktion der meisten Gläubigen des hohen Mittelalters auf die Gründung des Ordens der Tempelherren erscheint positiv bis enthusiastisch. Doch in der Geschichte hat jede Entwicklung auch ihre dialektischen Gegentendenzen. So waren nicht alle Klosterleute glücklich über die neue Konkurrenz, an die nun Almosen flossen, die sie lieber in ihrem Besitz gesehen hätten. Auch fanden es manche unerhört, zwei bislang völlig getrennte Lebensweisen zu kombinieren: die des Mönches – der kein

Blut vergießen darf – mit der des Kriegers, der genau dazu trainiert wird. So predigte der Zisterzienser Isaac de l'Etoile († 1159): »Ein neues Monster hat sich erhoben, eine gewisse neue Ritterschaft (...) sie soll Ungläubige mit Speeren und Keulen zum Christenglauben zwingen, darf frei alle Nichtchristen verderben und sie fromm abschlachten. Fallen von ihnen welche während derartiger Verwüstungen, werden sie Märtyrer Christi geheißen!«

Gab es geheime Ordensregeln?

Die Statuten des Ordens

Wenn die Templer für manche etwas Geheimnisvolles umgibt, dann nicht ohne dass sie daran kräftig beteiligt gewesen wären. So findet sich in der altprovenzalischen Fassung ihrer Statuten (V, 5, 2 in Münters Übersetzung) tatsächlich die Vorschrift, kein Bruder dürfe eine Abschrift besitzen, was damit begründet wird, ihr Inhalt sei an Weltliche verraten worden, und das habe dem Orden zum Nachteil gereicht. Die Statutenbücher wurden also unter Verschluss gehalten, das heißt, sie waren nur den höchstrangigen Mitgliedern eines Konvents zugänglich. Ein markanter Gegensatz also zum Umgang mit der Klosterregel des heiligen Benedikt von Nursia, die weit verbreitet war. Mehrfach haben die letzten Ordensmeister der Tempelherren sogar Dokumente und wohl auch Regelkodizes verbrannt, von denen daher nur wenige bis heute erhalten sind.

Verhalten und Organisation

Dabei steht nun in der Regel überhaupt nichts, was mit der katholischen Dogmatik unvereinbar wäre; es geht vielmehr um die Aufnahmebedingungen, die Organisation des Gebetslebens, die Verwaltung und dergleichen mehr. Es geht aber auch um das Verhalten auf den Heereszügen (zum Beispiel: den Helm durfte man ohne Erlaubnis aufsetzen, nicht aber abnehmen), im Kriegslager (zum Beispiel dürfen die Pferde auf der Wache nicht gefüttert werden), im Gefecht (auch wenn die Christen verlieren, darf sich kein Bruder zurückziehen, solange noch ein Ordenspanier auf dem Platz ist). So wäre wohl die ungezwungenste Lösung der Frage nach der im Orden geübten Geheimhaltung der Vorschriften die, dass somit die dort angegebenen militärischen Vorkehrungen nicht in die Hände von Außenstehenden fallen könnten, die sie an die Sarazenen weiterzugeben vermöchten. Solches war angesichts der kreuz und quer miteinander paktierenden heidnischen und christlichen Herrscher im Nahen Osten durchaus möglich. Die umfangreichen Ordensregeln müssen den Novizen also mündlich beigebracht worden sein, zumal die Mehrzahl von ihnen ohnehin nicht lesen konnte. Das führte allerdings dazu, dass immer wieder von Verstößen aus Unkenntnis berichtet wird, die auch höhergestellten Brüdern widerfuhren.

Aus der Ordensregel

Tagesablauf in einem Templerkonvent nach der Regel

- **Nach Mitternacht: Matutin (Gebet) in der Kirche oder Kapelle. Kontrolle der Waffen und Pferde. Ruhe bis zur**
- **Prim (Morgenmesse).**
- **Terz (Gebet).**
- **Sext (Messe), Arbeit an der Ausrüstung, Mittagessen, Dankgebet.**
- **Non (Totengedenken).**
- **Vesper (Gebet), Abendessen.**
- **Komplet (Gebet), Umtrunk, Kontrolle der Waffen und Pferde. Ruhe.**

Strenge Hierarchie

Der Aufbau eines Mönchsordens war genauso hierarchisch, wie fast alle sonstigen Herrschaftsstrukturen in Europa vor der Französischen Revolution. An der Spitze der ganzen Gemeinschaft stand ein gewählter, adeliger Großmeister, dessen Rang im Königreich Jerusalem, aber auch im Königreich England, noch vor allen Baronen galt. Er war aber kein absoluter Herrscher, sondern hatte mit einem Konvent der leitenden Brüder zusammenzuarbeiten, ähnlich wie (der Idee nach) zum Beispiel der deutsche König mit den Reichsfürsten. Sein Vertreter wurde Großkomtur genannt. Es gab noch eine Gruppe hochrangiger Brüder wie Schatzmeister, Seneschall und Marschall, die die Finanzen, die innere Justiz, die militärische Rüstung und andere Aufgaben wahrnahmen. Nach der Vernichtung der Kreuzfahrerreiche durch die Türken in der zweiten Hälfte des 13. Jahrhunderts verlegte der Orden sein Zentrum nach Zypern, dann nach Paris. Das sollte sich freilich als tödlicher Fehler herausstellen.

Siegel des Templerordens

An der Spitze der einzelnen regionalen Einheiten, der Ordensprovinzen wie etwa Portugal, Apulien und Sizilien, England, Deutschland oder Böhmen, standen die Landkomturen. Die Ritterbrüder und die unter ihnen dienenden Sergeanten (Knappen) bildeten die große Masse der Templer. Dazu kamen noch Knechte, Handwerker, Arbeiter, Sklaven in ihren Diensten, auch berittene Hilfstruppen, die Turkopolen.

Selbstverständlich waren diese unterschiedlichen Ränge an ihrer Kleidung zu erkennen; der Ritter trug das ordenstypische weiße Obergewand mit dem roten Kreuz aus feinem Stoff, der Knappe eines aus grobem schwarzem Tuch. Selbstverständlich hatte der Orden eigene Geistliche, die Priester-Brüder. Die leitenden Positionen nahmen

Größe des Ordens

Über die Zahlen der Angehörigen des Ordens lässt sich keine genaue Statistik angeben, nur die eine oder andere Aufstellung. Dass in der Hauptniederlassung zu Jerusalem jemals mehr als 500 Ritter anwesend waren, ist kaum anzunehmen. Die Tempelritter in den einzelnen Burgen waren oft nicht zahlreich, aber sie verfügten über ein Kontingent von Hilfsmannschaften. So wurden in der Feste Chastellet im Fürstentum Galiläa 80 Ritter stationiert, aber etwa 900 Mann weitere Besatzung. Die größere Burg Saphet in demselben Territorium beherbergte nach 1266 nur 50 Ordensritter, aber 380 weitere Soldaten, 820 Zivilisten und 400 Sklaven. Für die Britischen Inseln haben wir folgendes Verhältnis im Jahre 1309: Zwanzig Rittern und sechzehn Geistlichen stand die ›Masse‹ von 104 Sergeanten gegenüber. Die geringe genannte Zahl der englischen Tempelherren – es müssen einige mehr gewesen sein – kontrastiert auffallend mit ihren reichen Besitzungen auf der Insel. Heute schätzt man, dass der Orden im Osten wie im Westen kaum über 5000 Ritter insgesamt zählte.

aber stets Laien ein, was zeigt, dass der Schwerpunkt trotz aller Gebets- und Liturgieverpflichtungen auf dem militärischen Bereich lag.

Normale Ritter?

So sehr die Templer den ritterlichen Kriegsdienst als Sinn ihres Daseins betrachteten, so sehr sollten sie sich nach Bernhards Vorgaben aber den Elementen sonstiger ritterlicher Lebensweise entschlagen. Eines der typischsten unter ihnen war die Jagd, besonders die Beizjagd – eine Lieblingsbeschäftigung des Adels. Dagegen schreibt aber die Regel im Abschnitt XLIV (46) vor: »Keiner soll einen Vogel mit einem Vogel fangen. Wir entscheiden allgemein, dass keiner einen Vogel mit einem anderen Vogel zu fangen sich unterstehe. Es ziemt sich nämlich für einen Ordensmann nicht, weltlichen Ergötzungen nachzugehen, vielmehr soll er die Gebote des Herrn gern hören, sich oft zum Gebet niederwerfen, seine früheren Sünden unter Tränen und Seufzen täglich im Gebet Gott bekennen. Mit einem Menschen, der so mit seinem Habicht oder einem anderen Vogel verfährt, soll kein Ordensbruder aus Grundsatz Umgang haben.«

War der Templerorden ein homoerotischer Männerbund?

Warum die Templer zu zweit auf einem Pferd ritten

Sowohl einige Siegel der Tempelherren als auch eine Buchillumination und eine dänische Kalkmalerei zeigen zwei gerüstete Ordensritter hintereinander auf einem Pferd sitzend. Sehr ungewöhnlich. Feinde des Ordens glaubten (und glauben) darin einen Beweis für ihre geradezu rituelle Homosexualität sehen zu dürfen (als ob den Rittern nichts Klügeres eingefallen wäre, als diese, hätte sie bestanden, auf einem rechtlichen Zeichen öffentlich kundzutun). Tatsächlich sollte etwas symbolisch ausgedrückt werden, so wie durch die in Schwarz und Weiß geteilte Fahne der Gemeinschaft das feindliche Verhalten gegen die Sarazenen und das freundliche gegen die Christen symbolisiert wurde. Das Siegel hatte bloß auf die ursprüngliche Armut und Brüderlichkeit hinzuweisen: Zwei Rittern stand angeblich nur ein Pferd zur Verfügung – gewiss ein propagandistisches Bild, das schon in den ersten Jahren kaum der Wirklichkeit entsprach. Natürlich hätte man so nicht in den Kampf reiten können.

Zwei Templer mit Wappenschilden auf einem Pferd

Faktisch war für Christen jeder außereheliche sexuelle Kontakt, also auch der homosexuelle, eine

Todsünde. Da die gleichgeschlechtliche Liebe in der Bibel als besonders verabscheuungswürdig gebrandmarkt wird, galt Sodomie auch bei den Templern als schlimmere Untat als der Verkehr mit einer Frau. Vor dem Hintergrund der Klagen, die man im 12. und 13. Jahrhundert in dieser Hinsicht über andere geistliche Orden hörte, müssen die Tempelherren in der Regel das Keuschheitsgebot ziemlich korrekt befolgt haben. Auch in den Aussagen bei ihrem Prozess waren sie viel öfter dazu zu bringen, Gottesverleugnung zuzugeben als sexuelle Verfehlungen. Niemand wird bezweifeln, dass es, wie in jeder kasernierten Männergemeinschaft, zu Fällen homoerotischer Beziehungen kam; auch werden die einzelnen Komture mehr oder weniger streng auf solche Vorkommnisse reagiert haben. Aber keineswegs war Sodomie, wie man dieses »Laster« damals nannte, unter den Tempelherren in höherem Maße verbreitet als in irgendeiner anderen katholischen Ordensgemeinschaft.

Strenge Strafen

In der Ordensregel ist vorgeschrieben, dass jeder Bruder, der eine »Sünde wider die Natur« (homosexuellen Geschlechtsverkehr) begeht, seinen Ordenshabit verliert und mit Eisenfesseln um den Hals, die Hände und die Füße fixiert, den Rest seines Lebens im Kerker zu fristen hat, »beim Brot der Traurigkeit und dem Wasser der Trübsal«.

In den Verhörprotokollen finden sich dagegen – durch die Folter erzwungene – Aussagen, nach denen in einzelnen Niederlassungen diese Befriedigung des Geschlechtstriebes erlaubt gewesen wäre, damit die Tempelherren von Frauen nicht in übles Gerede gebracht werden könnten. Mittelalterliche Geschichtsschreiber, die diesen Angaben glaubten, scheuten nicht davor zurück, die Tempelhäuser wenig logisch als Bordelle zu bezeichnen.

Die Kreuzzüge – Blütezeit der Templer

Waren die Templer auf dem Schlachtfeld unbesiegbar?

Der Ritterorden und die Kreuzzüge

Ohne die Kreuzzüge hätte es weder die Tempelritter noch sonst einen katholischen Militärorden gegeben. Die Gemeinschaft entstand während der Kreuzzüge, zum Kampf in diesen, und als im späten 13. Jahrhundert das Heilige Land endgültig an die Türken verloren ging, waren viele der Meinung, der Orden hätte keine Daseinsberechtigung mehr.

Die Kreuzzüge gehören heute nicht nur durch zahlreiche Bücher, sondern auch Filme, Fernsehsendungen und Ausstellungen zu den bekanntesten historischen Erscheinungen des Mittelalters. Nachdem sich der Islam vom siebten bis zum achten Jahrhundert geradezu explosionsartig im ganzen Süden des ehemaligen römischen, dann byzantinischen Reichs mit Feuer und Schwert ausgedehnt hatte, begann vor allem im Norden der Pyrenäenhalbinsel die Rückeroberung (Reconquista). Die für den christlichen Glauben wichtigste Region ebenfalls wieder zu befreien (wie es aus westlicher Perspektive genannt wurde und wird), entschlossen sich die Päpste aber erst in der zweiten Hälfte des 11. Jahrhunderts. Nachdem das erste Kreuzzugunternehmen tatsächlich in der Einnahme Jerusalems 1099 gipfelte, wurden die unterworfenen Gebiete zu feudalen Reichen mit christlicher Staatsreligion nach französischem Vorbild. Eine geschlossene Herrschaft bauten die Templer in Palästina freilich nicht auf, sie hatten nur verstreut einzelne Niederlassungen, Besitztümer und Burgen. Auch der Versuch, sich auf der von ›Ketzern‹ besiedelten Insel Zypern zu etablieren, dauerte nicht lange an (die Orthodoxen galten von 1054 bis 1964 den Katholiken als exkommunizierte Häretiker und umgekehrt).

Kreuzzüge und Reconquista

Die Tempelherren haben in jedem neuen Kreuzzug mitgekämpft, im Zweiten unter Konrad III. von Staufen und Ludwig VII. von Frankreich, im Dritten unter Friedrich Barbarossa, Philipp August und Richard Löwenherz, im Vierten, den der französische König Ludwig der Heilige nach Ägypten führte. Gerade bei diesen Anlässen kam es immer wieder zu Zwistigkeiten unter den Christen, speziell, da die hochadeligen Ankömmlinge oft meinten, den Rat der schon lange ansässigen Ordensleute nicht ernst nehmen zu müssen.

Auch an der Reconquista beteiligten sich die spanischen und portugiesischen Templer, während die norddeutschen an Kreuzzügen gegen die heidnischen Slawen (wie zum Beispiel die Preußen) und gegen die Mongolen beteiligt waren. Gegen Letztere half auch die »Speerspitze« der Tempelritter nichts und ebenso wenig gegen die Türken und Ägypter an der nordafrikanischen Küste. In Zusammenhang mit diesen Niederlagen entstand 1265 das altprovenzalische Gedicht des an Gott und der Kirche verzweifelnden Tempelherrn Ricaut de Bonomel:

»Zorn und Schmerz sind so sehr in meinem Herzen,
dass nur wenig fehlt und ich würde mich töten
oder das Kreuz verlassen, das ich zu Ehren dessen,
der daran gehängt wurde, genommen habe.
Denn weder das Kreuz noch das [christliche] Gesetz
nützen mir zum Schutz gegen die falschen Türken,
die Gott verdammen möge! …
Wahnwitzig ist daher der, der noch gegen die Türken streitet,
denn Jesus Christus stellt sich ihnen gar nicht entgegen!
Denn sie haben gesiegt und besiegen, was mich bedrückt,
Franken und Tartaren, Armenier und Perser!
Und hier sind sie jeden Tag siegreich gegen uns,
denn Gott schläft, der zu wachen pflegte …
Der Papst geht sehr spendabel mit den Ablässen um,
gegen die Italiener, für Karl und die Franzosen,
und zeigt, so weit wir wissen, große Habsucht,
da er unsere Ablass-Kreuze für Geld vergibt.

Und wer den Kreuzzug [ins Heilige Land] mit dem Kampf in Italien eintauschen möchte, dem wird unser Legat die Erlaubnis geben – denn sie verkaufen Gott und den Ablass, um zu bekommen.«

Ira et Dolor

Herrschte der Orden überall?

Die Verbreitung der Templer

Sogar als Vorbilder für skandinavische Herrscher, die im 12. Jahrhundert ihre Gefolgsleute straffer und nach christlichen Normen organisierten, hat man jüngst die Templer namhaft gemacht. Dies, obgleich sie im Norden nie Fuß fassten. Auch die päpstlichen Briefe, die in Zusammenhang mit der Verfolgung der Templer an skandinavische Könige versandt wurden, sind hierfür kein Beweis, denn die päpstliche Kanzlei hat sie einfach routinemäßig an alle Monarchen verschickt.

Geografische Ausbreitung

Wo waren die Rittermönche tatsächlich zu finden? Zunächst natürlich im Heiligen Land, wo die Bewegung gegründet wurde. Da die Ritter der neuen Bruderschaft allesamt aus Frankreich stammten, erfolgte natürlicherweise der Aufbau eines Netzwerks von Stützpunkten zunächst in ihrer Heimat, wo sie von frommen Gläubigen reiche Landschenkungen und Gebäude erhielten. Da ab 1154 die Linie der Anjou-Plantagenet nicht nur eine der führenden Familien Frankreichs war, sondern mit Heinrich II. auch den englischen Thron besetzte, war es mehr als naheliegend, den Orden dort auszubauen. Auch die Anglo-Normannen, damals die führende Klasse auf der Insel, begünstigten die neue Institution bereits ab 1128. In Deutschland zeigten die Stauferkaiser wenig Interesse für die Templer, die für sie mehr wie eine Gründung der feindlichen Franzosen gewirkt haben mochte denn als religiöser Orden. Erst in der Mitte des 13. Jahrhunderts findet man die Templer im ganzen Reich fest etabliert. Ab 1232 sind sie in Böhmen nachzuweisen, ab 1175 in Ungarn. Früher schon kamen sie aus Frankreich nach Flandern, auch in den Niederlanden fanden sie schon bald Aufnahme. Von Rom ausgehend, verbreiteten sich die Tempelherren zudem in Italien, einschließlich Sizilien. Auf der Iberischen Halbinsel kam es bereits 1128 in Aragonien zu ihrer Ansiedlung, denn der größte Teil des heutigen Spaniens war noch in der Hand der Sarazenen, gegen die die Herrscher der noch kleinen christlichen Königreiche Portugal, Kastilien, Leon und Aragonien im Zuge der sog. Reconquista in dauernden Kämpfen vorgingen. Die beiden Religionen führten ja viele Jahrhunderte hindurch einen Mehrfrontenkrieg einerseits besonders im Südwesten Europas, andererseits in allen Mittelmeerländern; an jeder von ihnen waren so schlagkräftige Kämpfer wie Mitglieder der Militärorden bei den christlichen Einwohnern im Prinzip sehr gern gesehen. Mit dem Ziel der Rückeroberung der iberischen Halbinsel vermachte ihnen König Alfons I. von Aragon sogar ein Drittel seines ganzen Reiches, was seine Erben freilich erwartungsgemäß und erfolgreich zu verhindern wussten.

Frauen im Orden?

Wenn nun der Orden in so vielen Ländern Niederlassungen errichten konnte – gab es auch einige für Frauen, die nach den Konventionen der »armen Ritter vom Grab Christi« lebten? Obwohl auch die meisten nichtbenediktinischen Orden immer wieder die Betreuung von Schwestern, die ihren Regeln folgten, abwiesen, entstanden weitverbreitete Zweitorden etwa bei den Zisterziensern, Franziskanern, Dominikanern. In der Tat finden sich Belege für Templerinnen nur ganz selten. Ein Beispiel für einen weiblichen Konvent wäre das Kloster Mühlen im Rheinland. Wie auch alle anderen Orden über kurz oder lang einen weiblichen Zweig zuließen, so eben auch die Ritterorden, allerdings viel zurückhaltender.

Verführung zur Sünde

Bei den Templern scheint nach einer Phase, während derer Schwestern etwa als Krankenpflegerinnen dienten, sehr weitgehend folgende Passage der Statuten auch praktisch gegolten zu haben: »Eine gefährliche Sache ist die Gesellschaft der Weiber, denn der alte Feind hat durch Gesellschaft der Weiber viele von der geraden Bahn zum Paradies abgeführt. Fürderhin müssen also keine Frauenzimmer im Hause des Tempels als Schwestern aufgenommen werden. Daher, teuerste Brüder, sei dieses in Zukunft keine Sitte, damit die Blüte der Keuschheit stets unter uns sichtbar sein möge!« (II, 16, übersetzt von Münter) Offenbar war es zu Liebschaften gekommen, denen die Oberen ein für alle Mal einen Riegel vorschieben wollten. Den Brüdern der Templer war somit jeder Umgang mit den Schwestern untersagt, da dies eine Möglichkeit zur Sünde wider das sechste Gebot eröffnen konnte. Wie auch bei anderen Orden üblich, gab es schließlich noch Laiengemeinschaften, die mit den Tempelherren verbunden waren.

Einige Niederlassungen der Templer im 13. Jahrhundert in den damals deutschsprachigen Ländern:

Altmühlmünster (Bayern)
Augsburg
Berlin-Tempelhof
Braunschweig
Frankel an der Mosel
Halberstadt
Hameln
Hildesheim
Köln
Magdeburg
Mainz
Mücheln bei Wettin
Ness bei Köln
Oels (Schlesien)
Quartschen bei Küstrin
Rörike (Pommern)
Supplinburg bei Helmstedt
Topfstädt (Thüringen)
Trier
Wien
Worms
Würzburg
Zielenzig (Brandenburg)

Waren die Templer Mönche mit Schwert?

Militärische Ausrüstung

Obwohl sich der Alltag der Rittermönche durchaus dem sonstiger Religiosen annäherte, wenn sie in ihrem Konvent zu Hause waren, wird ihr Bild doch vom Auftreten in kriegerischen Situationen geprägt. Offenbar ganz mit ihrem Einverständnis, gibt es doch mehr Wandfresken in Gotteshäusern, wo sie sich nicht beim Chordienst malen ließen, sondern im Kampfeinsatz. Beispiele sind noch heute in den Kirchen von Cressac-sur-Charente und San Bevignate in Perugia erhalten.

Wie also waren die Tempelherren ausgerüstet? Da sich im Laufe des Mittelalters ganz substanzielle Entwicklungen auf diesem Gebiet vollzogen, wird einmal die Rüstung etwa in der Mitte des 12. Jahrhunderts und dann die aus der Zeit um 1300 beschrieben.

Rüstung 12. Jhdt.

Zur Grundausstattung gehörte im 12. Jahrhundert der Kettenpanzer, ein engmaschiges Geflecht von Eisenringen, das über der Unterkleidung getragen wurde; von der Form her ein Schlüpfkleid, sodass üblicherweise Knappen diese 10 bis 15 Kilo schwere Eisenrüstung ihrem Herrn von oben über die ausgestreckten Arme und den Leib gleiten ließen. Die Ärmel gingen oft in Eisenhandschuhe über. Ringelhosen und Schuhe aus demselben Material schützten die Beine und Füße. Darüber konnte ein Waffenrock aus Stoff gezogen werden, jedenfalls aber benötigte man einen Ledergürtel mit Gehänge, um Schwert und Dolch mitzuführen. Ein gutes zweischneidiges Schwert, etwa einen Meter lang, war eine kostspielige Sache; es wurde aufwendig geschmiedet und musste mit einer festen Parierstange, einer Hilze aus Holz oder Leder und einem Knauf versehen sein, der das Gewicht der Klinge genau auszubalancieren hatte, damit die Waffe gut in der Hand lag.

Schutzsymbol Kreuz

Den Kopf bedeckte damals ein Eisenhelm, der das Gesicht freiließ, höchstens, dass sein oberer Teil durch ein Nasal geschützt wurde. Die Form der Helme war durchgehend konisch oder rund, sie konnten bemalt sein, zum Beispiel mit einem Kreuz, das in den Kreuzzügen oft an dieser Stelle aufschien, nicht nur als christliches Kennzeichen, sondern auch als talismanähnliches Schutzsymbol. Zu Beginn eines Kampfes bediente sich der Ritter in der Regel des langen Speers, gern aus Eschenholz, der in einer Eisenspitze endete. Er wurde, anders als die Lanze in der Antike und im Frühmittelalter, nicht von oben gestochen oder geworfen, sondern unter die Achsel geklemmt und durch die Wucht der Bewegung des Pferdes in den Gegner gerammt. Ebenfalls anders als in der Antike und im Frühmittelalter waren die Sättel zu diesem Zweck hinten hochgezogen und man benützte Steigbügel, ohne die der Angreifer von der Wucht des Anpralls aus dem Sattel geworfen worden wäre.

Wappen

Die mobile Verteidigungswaffe war der sogenannte Normannenschild, aus Holz mit einer Lederauflage gemacht und von tropfenförmigem Umriss, der den Körper des Reiters von der Schulter bis zum Fuß verdeckte und damit von entsprechendem Gewicht war. Die Templer ließen das Oberteil dieser Schutzwaffe meist weiß und das Unterteil schwarz bemalen, wobei oben ein schwarzes Kreuz eingezeichnet war. Doch finden sich auch rein weiße Schilder mit schwarzem, später auch rotem Kreuz. Dieses Wappen war das einzige Kennzeichen, an dem man einen Tempelherrn von den Mitgliedern der anderen Militärorden oder weltlichen Rittern unterscheiden konnte. Entscheidend war natürlich auch die Tauglichkeit der Pferde, die speziell für den Kriegseinsatz gezüchtet wurden. Üblicherweise standen einem Tempelherrn drei Rösser zur Verfügung, deren gute Wartung in der Regel vorgeschrieben war. Sie wurden durch ledernes Zaumzeug und kegelförmige Sporen gelenkt.

Angreifender Templer

Rüstung um 1300

Etwa 150 Jahre später hätte jeder Rittermönch eine solche Ausrüstung in vieler Hinsicht unakzeptabel veraltet gefunden. Zwar trug man noch Ringelpanzer, aber verstärkt durch metallene Brustplatten und ebensolche Beinschienen. Die Knie waren durch runde Kniekacheln geschützt. Man benutzte andere Helmformen: den geschlossenen Topfhelm mit Sehschlitzen und Luftöffnungen oder den breitkrempigen, offenen Eisenhut. Während die Schwerter nur etwas schlanker und spitzer geworden waren, waren die Schilde zu vergleichsweise kleinen und leichten Dreiecken zusammengeschrumpft, die nur mehr den Brustbereich deckten. Sie trugen üblicherweise das große rote Kreuz auf weißem Grund. Die Wappen, die eine Unterscheidung der Kombattanten auch bei geschlossenen Helmen ermöglichten, wurden eifrig gehütet.

Aber wie auch nun in allen anderen Lebensgebieten eine größere Vielfalt zu bemerken ist als im hohen Mittelalter, so auch in der Bewaffnung der Zeit um 1300: Aus dem Orient hatte man einen anderen, säbelartigen Schwerttyp namens ›Falcon‹ übernommen. Der Oberkörper konnte auch durch eine fest gesteppte und mit Wolle ausgestopfte Leinenkleidung geschützt werden. Die Pferde trugen nun regelmäßig Schabracken, in denen sich die Pfeile verfangen sollten.

Templer mit Rüstung

Abschließend ist noch zu sagen, dass diese Ausrüstung nicht etwa ordenstypisch war, sondern von Rittern in ganz Europa so getragen wurde. Sie war dort entwickelt worden, weswegen sie für die Verhältnisse in der arabisch-islamischen Welt wenig geeignet war – zu schwer und zu heiß war die Panzerung. Man weiß von vielen Kämpfern, die auf Kreuzzügen nicht dem Feind, sondern der Hitze erlagen. Nur zögerlich führte man kleine Verbesserungen durch, wie das Anbringen Schatten spendender Tücher am Helm.

Konkurrent Deutschorden

Eine päpstliche Entscheidung über die Ordenstracht war 1222 nötig geworden, weil die Ritter des Deutschen Ordens ebenfalls einen weißen Mantel trugen, wie vor ihnen schon die Templer. Erstere hatten ein schwarzes, Letztere meist ein rotes Kreuz als Kennzeichen auf dem Mantel, was in der Praxis zu mehr Verwechslungen führen mochte, als man sich in Rom vorstellte. »Wir haben vernommen, ihr Tempelritter regt euch etwas über die Deutschordensritter auf, weil sie Kraft einer ihnen von Uns besonders verliehenen Vergünstigung weiße Mäntel tragen. Wie unwürdig ein solches Benehmen für euren Orden ist, erkennt jeder im ersten Augenblick, da er darüber nachdenkt. Hält euch von dieser Eifersüchtelei nicht die Ehrerbietung gegen den Papst und Kaiser ab, so muss euch doch das spöttische Gelächter aller, die davon hören, belehren. Es ist doch in der Tat lächerlich, wenn ihr euch darüber aufhaltet, andere hätten von euch den weißen Mantel übernommen, zumal doch das besondere Kennzeichen am Mantel der Deutschordensherrn eine Verwechslung mit dem euren ausschließt.«

(Übersetzt von Johannes Bühler)

Waren die Templer die Speerspitze der Kreuzzüge?

Ordensbrüder auf dem Schlachtfeld

Man wundert sich, dass heutige Katholiken, gerade Mitglieder des Zisterzienserordens, die Templer immer noch als »Speerspitze der Kreuzzüge« feiern. »Die flammenden Reden und Briefe aus einer scheinbar versunkenen Welt [welche der heilige Bernhard von Clairvaux für beziehungsweise an den Orden schrieb] gewinnen neue Aktualität angesichts heutiger Versuche, das Templerideal wiederzubeleben«, liest man auf dem Umschlag einer 1990 in den Beiheften zur Zisterzienser-Chronik erschienenen Schrift.

Kampf gegen Ungläubige

Sachlich ist diese Formulierung zweifellos berechtigt, die Templer im Heiligen Land waren die Vorkämpfer in vielen Schlachten gegen die Sarazenen, ihr militärischer Einsatz steht für über zwei Jahrhunderte außer Frage, wenn man ihnen auch hinsichtlich der letzten Jahre christlicher Herrschaft in den Kreuzfahrerstaaten zu wenig Engagement vorgeworfen hat. Immerhin die Hälfte der zwischen der Gründung 1119 und der Auflösung 1312 amtierenden zweiundzwanzig Großmeister starb im Kampf gegen die ›Ungläubigen‹. Nur selten haben die Truppen unter der Ordensflagge die Flucht ergriffen, meist zogen sie die Ehre des Schlachtentodes – so wurde das Ende im Kampf von den Zeitgenossen (und weiter bis ins 20. Jahrhundert) gesehen – vor. Denn auch ein Tempelherr definierte sich nicht nur als Streiter Christi, sondern ebenso als Angehöriger der Ritterkaste, verpflichtet ihrem agonalen Ehrenkodex.

Belagerung von Akkon

Ein beliebiges Beispiel für die Templer im Kampf sei einem zeitgenössischen Bericht über die Belagerung der wichtigen Küstenstadt Akkon (heute im Norden Israels) 1189 entnommen, die freilich mit einem Sieg Saladins enden sollte: »Die Templer, die niemandem an Ruhm nachstehen, dem Kampf ergeben, hatten schon die Reihen der Feinde durchbrochen, und wenn der Rest des Heeres direkt gefolgt wäre, wären sie an diesem Tag die glücklichen Herren sowohl der Stadt als auch der Schlacht gewesen. Als aber sie in ihrem Eifer in Verfolgung ihres Kriegsglücks zu weit vorgedrungen waren, wurden sie plötzlich von der Stadtbevölkerung attackiert. Obschon diese sich massenhaft auf die Templer stürzte, triumphierten die Feinde nur unter großen Verlusten an eigenen Männern. Hier wurde der Templermeister Gerard de Riddeford erschlagen – glücklich der, dem der Herr so großen Ruhm bereitete, dass er den Lorbeer gewinnen sollte, den er in so vielen Kriegen verdient, und in die Gemeinschaft der Märtyrer aufgenommen wurde.« (*Itinerarium peregrinorum* 29) Wohl gibt es das eine oder andere Gegenbeispiel militärischen Versagens, doch der Tenor der Quellen geht durchaus in die hier angesprochene Richtung. Und dieser Chronist macht auch deutlich, worin die Todesverachtung der Ritterorden begründet war: Sie erwarteten voller Gewissheit, nicht anders als die heutigen islamischen Selbstmordattentäter, durch diese ruhmvolle Todesart unmittelbar ins Paradies einzugehen.

Erstes stehendes Heer

Freilich wurde im Mittelalter mehr mit Verwüstungen des feindlichen Territoriums und durch die Belagerung feindlicher Wehrbauten Krieg geführt als in offenen Feldschlachten. Die Burgen der Templer in Palästina galten den Christen als besonders wichtige Elemente des Widerstands gegen die islamischen Truppen, die mit erdrückender Übermacht die lateinischen Reiche in Outremer bestürmten. So kann man mit einiger Berechtigung die Templer als das erste stehende Heer des Mittelalters bezeichnen, denn sonst wurden damals Truppen von den jeweiligen Machthabern immer nur zu bestimmten Feldzügen zusammengezogen und nach Ablauf einer vereinbarten Frist wieder entlassen.

Treue und Klugheit

Der Erzbischof Wilhelm von Tyros († 1186) – kein Freund des Ordens – schrieb in seiner Geschichte des Königreichs Jerusalem (17, 12) von den Tempelherren: »Diese tapferen und waffengewaltigen Männer hielten die Burg von Gaza mit Treue und Klugheit bis auf den heutigen Tag. Sie setzten der Stadt Askalon durch häufige Angriffe, die sie bald versteckt, bald offen auf sie machten, so kräftig zu, dass jene, die früher zum Schrecken der Unsrigen das ganze Land feindlich durchstreift und verheert hatten,

es jetzt für das höchste Glück hielten, wenn sie mit Geld oder Bitten auf einige Zeit Frieden erhalten und in Ruhe hinter ihren Mauern leben durften.«

Kampftechniken

Freilich waren die aus dem Abendland immer wieder als Kreuzfahrer oder Ordensritter die christlichen Kräfte in Outremer verstärkenden ›bewaffneten Pilger‹ oft aufgebrochen, ohne von dem eine Ahnung zu haben, was sie erwartete. Das betrifft vor allem das Klima, aber in puncto Kriegsführung auch die Kampftechnik der Muslime. Reiterschlachten wurden in Europa in der Regel durch das Zusammenprallen von jeweils eng aneinander gepressten Rittern auf ihren Rossen ausgefochten, die den Gegner einfach zu überrennen suchten. Waren die Lanzen verstochen, griff man zum Schwert – also Nahkämpfe zu Pferd oder schließlich zu Fuß. Die islamischen Truppen dagegen trugen leichtere Rüstungen und ritten beweglichere Pferde. Mit denen umkreisten sie die christlichen Heere und beschossen sie mit Pfeilen, steckten auch bei günstigem Wind das trockene Buschwerk in Brand. Diese Taktik brachte gegenüber den schwerfälligen, zusammengeballten Truppen aus dem Westen viele Erfolge, denn wenn es dann endlich zum Nahkampf kam, waren die Ritter schon durch die Fernwaffen merklich dezimiert und viele hatten ihre Streitrosse verloren. Auch hatten die an das Klima gewohnten und entsprechend versorgten Orientalen wesentlich weniger gegen Hitze und Durst zu kämpfen als ihre abendländischen Feinde.

Die Burgen des Ritterordens – Château Pèlerin, Beaufort, Safed, Tortosa ... – waren zumeist größere Anlagen als die sonst in Europa üblichen

Roger de Fleur

Ein gewisser Roger de Fleur kam im Alter von acht Jahren auf eine Galeere des Ordens – keineswegs unüblich, es gab keine Altersgrenze für Schiffsjungen oder Kinderarbeit. Später wurde er von den Templern als Mitglied aufgenommen und brachte es zum Kommandanten eines ihrer Schiffe. Bei der Belagerung von Akkon (1291) durch die Türken zwang er reiche Christinnen, die sich auf sein Schiff retten wollten, ihn dafür hoch zu bezahlen. Dies führte zu seiner Degradierung. Roger flüchtete nach Genua und begann eine Karriere als Seeräuber. Er wurde wegen seiner Kriegstüchtigkeit sowohl vom König von Sizilien als auch später vom Kaiser von Byzanz als Flottenführer in Dienst genommen. Söldner aus allen Gegenden, besonders aus Katalonien, sammelten sich um ihn, der eine Enkelin des Kaisers heiraten konnte und ein eigenes Fürstentum zu errichten versuchte. In Gegensatz zu dem oströmischen Herrscher gekommen, wurde Roger auf dessen Befehl hin 1305 auf einem Fest ermordet. Seine Söldner, genannt die Katalanische Kompanie, nahmen schreckliche Rache und verwüsteten Makedonien, ehe sie sich die Herrschaft über das Herzogtum Athen aneigneten, wo sie sich bis 1390 behaupten konnten.

Templerburgen

Wehrbauten. Gerade einmal eine Festung wie Château Gaillard im nordöstlichen Frankreich gibt einen Begriff von diesen architektonisch genau durchgeplanten und (vor allem durch Sklavenarbeit errichteten) Bauten. Als zum Beispiel der Sultan Baibar 1268 die Burg Beaufort eroberte, benötigte er dazu nicht weniger als 26 große Belagerungsmaschinen.

Temple in Paris

Ein im Vergleich zu den Kreuzfahrerstaaten zahlenmäßig viel größeres Netz von Templerburgen überzog Europa. Aber abgesehen von der Pyrenäenhalbinsel blieben diese fast durchweg von militärischen Aktionen verschont. Sie sind am besten in Portugal erhalten, da die dortigen Templer im 14. Jahrhundert ungewöhnlicherweise nicht verfolgt und vernichtet, sondern in einen anderen Ritterorden umgestaltet wurden, den Christusorden.

Christliche Nächstenliebe?

Zeigten sich die Tempelherren auch in einer anderen Rolle, der als Fürsorger der Armen und

Kranken? Dies ist ja ein Aspekt, der von den christlichen Organisationen, die sich heute als Templer bezeichnen, stets geradezu exklusiv hervorgehoben wird. Die historische Wirklichkeit sah anders aus: Der Orden war voll und ganz eine Kriegergemeinschaft. Wie wenig man etwa mit Ärzten zu tun hatte, zeigt schon die Behandlung jener Templer, die mentale Störungen erkennen ließen: Sie wurden nicht medizinisch behandelt, sondern in Eisen gelegt und eingesperrt. Ebenso erging es jenen Brüdern, die sich mit der im Mittelalter besonders im Orient, aber ebenso in Europa verbreiteten Lepra infizierten. Sie hatten ihren Orden zu verlassen und stattdessen Mitglieder bei den Lazeriten zu werden, einer gleichzeitig mit den Templern gegründeten Gemeinschaft, die zunächst in der Pflege dieser Kranken tätig war, sich dann aber ebenfalls zu einem Militärorden wandelte.

Wenn es auch in der Grafschaft Tripolis ein Hospital gab, das von den Tempelrittern unterhalten wurde, so sind sie jedenfalls keineswegs mit den Hospitalitern zu vergleichen, die ursprünglich Pflegeorden für Pilger waren und sich erst nach und nach zu Kampforden umgestalteten. Auch die karitative Tätigkeit der Templer war, mit anderen Orden verglichen, gering: Es wurden einige wenige Arme mit dem gespeist, was vom Mahl der Ordensangehörigen übrig blieb.

Waren die Templer die ersten Banker?

Die Geldgeschäfte der Templer

Jede Beschreibung des mittelalterlichen Wirtschaftslebens, die nicht die geistlichen Orden mit einbeziehen würde, müsste als verfehlt bezeichnet werden – waren die Benediktiner, Prämonstratenser und Zisterzienser doch Besitzer zahlloser landwirtschaftlicher Gebiete, einschließlich der dortigen Dörfer und ihrer Bewohner (nur die erste Generation der weißen Mönche war ohne solche Quellen des Reichtums ausgekommen). Selbst die Kartäuser, die von der Welt am meisten zurückgezogen lebenden Mönche, handelten nicht anders. Die jüngeren Bettelorden wie Dominikaner und Franziskaner sammelten Immobilien vor allem in den Städten.

Rettung der Seele

Auch die Ritterorden verzichteten sehr rasch auf die anfängliche Armut und nahmen viel mehr Ländereien und Geld an, als sie benötigt hätten. Von ihnen waren die Templer deutlich am erfolgreichsten; woran das lag, scheint noch nicht erforscht zu sein. Sie unterstützt zu haben war im Hochmittelalter nach allgemeiner Ansicht gut, da es nach dem Tode auf der Waagschale des heiligen Michael ein Argument von großem Gewicht für die Rettung der Seele sein würde. Daher lohnte es sich, wenn der Orden eigene »Almosen«-Sammler zu seiner Unterstützung beschäftigte.

Natürlich kam es zu Konkurrenz, wenn es um das Materielle ging. Man weiß zum Beispiel von heftigen Streitereien zwischen Templern und Kartäusern um Almweiden in Frankreich. Aber es reichte sogar eine päpstliche Auszeichnung für die Hospitaliter, mit denen sie doch so oft zusammen gefochten hatten, dass die Templer zu den Waffen griffen und sich die christlichen Ordensritter gegenseitig erschlugen (Akkon 1259). Überlegen blieben in diesem Streit schließlich die Johanniter, die fast alle Gegner töteten, nicht, wie sonst unter Edelleuten üblich, bloß gefangen setzten, um sie gegen Lösegeld wieder freizulassen.

Bankiers des Mittelalters

Ungeachtet der Konkurrenz durch andere Orden war schon um die Mitte des 12. Jahrhunderts der der Templer so wohlhabend geworden, dass er während des Zweiten Kreuzzugs den Orientaufenthalt des Kapetingerkönigs Ludwig VII. von Frankreich finanzieren konnte. Der Pariser ›Tempel‹ bekam einen Stellenwert, der fast dem des königlichen Schatzmeisteramtes entsprach. Dauernd waren Ordensmitglieder auf der Reise zwischen dem Heiligen Land und Europa, nicht nur in eigenen Angelegenheiten. Viele Adelige und Herrscher ließen durch sie Botschaften transportieren – und Geld, beziehungsweise Schuldverschreibungen.

Daraus entwickelte sich, vereinfacht gesagt, eine durch Templer betriebene Bank, und das schon in der ersten Hälfte des Jahrhunderts ihrer Gründung. Einerseits konnte man in den Templerburgen Bargeld, Schmuck, Dokumente und anderes deponieren und wusste die Preziosen im Allgemeinen gut beschützt. Die Könige von Frankreich und Aragon deponierten zeitweise sogar ihre Kronjuwelen in Templerburgen.

Andererseits verliehen die Rittermönche auch Geld und umgingen das kanonische Zinsverbot, indem sie zum Beispiel als Dankeserweis die Einkommen aus den Gütern der Schuldner bei deren Abwesenheit lukrieren durften oder zu deren Erben eingesetzt wurden. Nicht nur am Hofe der Päpste wurden Templer ob ihrer Vertrautheit mit diesem Geschäft als Finanzmanager verwendet, auch an manchen königlichen und fürstlichen Höfen Westeuropas.

Zahlreiche Einkünfte

Dazu kam die Ausbeutung der abhängigen Bauern (von der alle Feudalherrn lebten), die Abhaltung von Märkten, Anteile an Kirchenzehnten und so weiter. Von den Zisterziensern hatte man die Grangien übernommen, große Wirtschaftshöfe, wo die Produkte der zum Orden gehörigen Ländereien gesammelt wurden. Was man nicht selbst verbrauchte, wurde in ordenseigenen Häusern in den Städten verkauft, wie es wieder die Zisterzienser vorgemacht hatten. Für die inneren Bedürfnisse sorgten Handwerker, die als Sergeanten zum Orden zählten, aber in der Regel nicht in den Kampf zogen, sondern nur kostenlos zu arbeiten hatten. Unter den Affiliierten fanden sich auch solche, die den Templern nicht als Krieger zur Seite standen, sondern mit Zahlungen, während sie ihr weltliches Leben weiterführten. Dafür durften sie erwarten, auf einem Friedhof des Ordens bestattet zu werden.

Was den sich (zum Schaden der Reputation des Ordens in sagenhafte Dimensionen) ausweitenden Reichtum förderte, das waren nicht nur die zahllosen ›Almosen‹ aus begüterter Hand. Es war auch der Königsdienst. Die Monarchen von Frankreich, England, Schottland, Aragonien und andere hatten Templer als Berater in Geld- und Wirtschaftsangelegenheiten an ihren Höfen. In deren Burgen lagerten die Großen unter anderem Truhen mit Geld und Schätzen, da sie sie so nicht nur fortifikatorisch, sondern auch spirituell geschützt wähnten: Welches Bauwerk, wenn nicht die Klosterfeste eines Ritterordens, sollte unter Gottes besonderem Schutz stehen?

Allerdings funktionierte das nicht immer, nämlich dann, wenn einer der Herrscher selbst dringend Bargeld benötigte. Mehrmals holten sie sich dann gegen Recht und Ordnung von anderen hinterlegte Gelder aus einer Templerniederlassung. 1263, um nur ein Beispiel zu erwähnen, verschaffte sich der Sohn König Heinrichs III. unter einem Vorwand Zugang zur Schatzkammer des Londoner Tempels und ließ seine Männer mit Eisenhämmern einige Truhen aufbrechen, worauf er mit dem Inhalt verschwand.

Handel und Sklaverei

Aber auch an der Warenerzeugung und am Handel war man beteiligt; so besaß der Orden im Königreich Jerusalem eine Glasmanufaktur, in England zwei Walkmühlen, in Frankreich vermietete er Hausanteile, und er durfte regional (etwa in der Champagne) Waren mit Zoll belegen, um nur einige Beispiele zu nennen. Schamhaft verschwiegen wird gern der Sklavenhandel als Einkommensquelle. Zu den vielen Deformationen, denen die mittelalterliche Kirchengeschichte generell unterworfen wurde und wird, gehört auch die Anschauung, die Kirche, beziehungsweise die Mönchsorden, hätten keine Sklaven besessen. Vielmehr war im frühen Mittelalter die Mehrzahl aller Sklaven in Europa in der Hand von Ortskirchen und Abteien; und speziell Christen aus den Mittelmeerländern führten am Beginn der Neuzeit mit der Versklavung der Indianer in der Neuen Welt nur den gewohnten Umgang mit muslimischen Gefangenen mit nunmehr anderen Opfern nahtlos weiter. Die Templer beteiligten sich an der Sklavenhaltung und dem Sklavenhandel, ihre Flotte diente auch zur Verschiffung dieser ›Ware‹. So beklagte sich 1227 Papst Gregor IX. in diesem Zusammenhang nicht etwa über die Sklavenhaltung der Templer, sondern darüber, dass Kaiser Friedrich II. diesen und den Hospitalitern Hunderte muslimische Sklaven weggenommen und ihren Glaubensgenossen zurückgegeben hatte, ohne dem Orden den Verlust zu bezahlen. Als die spanischen Tempelritter aus praktischen Gründen ihre islamischen Sklaven in die Halbfreiheit entlassen wollten, wurden sie mehrfach von Päpsten gemaßregelt. Es interessierte damals niemanden, das Leben der Unfreien zu beschreiben, weswegen wir über ihren konkreten Alltag nicht berichten können. Aber dass sie einer der Faktoren für die blühende Ökonomie der Mönchsritter waren, ist evident.

Glich eine Templerfestung der anderen?

Die Burgen des Ordens

Keineswegs waren die Wehrbauten der abendländischen Templer wesentlich anders konstruiert als die sonstigen Burgen in den jeweiligen Landstrichen. Die romanischen und frühgotischen Bauten folgten also primär den ortstypischen Gepflogenheiten, allerdings mit der aus Sinn und Zweck eines Ritterordens abzuleitenden Eigenheit, dass sie Elemente der Klosterarchitektur in die militärische Anlage integrieren mussten. Es gibt daher immer eine Kirche und einen gemeinsamen Speisesaal (das »Refektorium«). Dafür eignete sich der in Nordfrankreich entwickelte Burgentyp des Donjon weniger, jener meist kubische Klotz, der am besten durch den White Tower in London bekannt ist. Aber immerhin gehörte etwa der (heute ganz verschwundene) Pariser Temple zu diesem Typus. Praktikabler war da die Randhausburg, deren Grundriss der häufigste in Mitteleuropa sein dürfte. Der spanische Name »castillos-conventos«, Burg-Konvente, ist für diese Vereinigung militärischer und religiöser Funktionen besonders treffend. Es finden sich gerade auf der Iberischen Halbinsel, wo die Templer ja heftig an der Reconquista beteiligt waren, noch einige gut erhaltene Wehrbauten, die mittelalterinteressierte Touristen anziehen; beispielsweise Almourol am Tejo in Portugal oder Monzon in Aragon.

In Palästina besaßen die Tempelherren insgesamt sieben Burgen; mehr als irgendein anderer Ritterorden. Die schon im Mittelalter berühmteste war wohl Château Pèlerin (oder: Festung Atlit), an der Nordküste des heutigen Israel gelegen. Diese auf einer Halbinsel ins Meer ragende Anlage war der letzte, nie eingenommene Stützpunkt der Christen, der erst 1291 evakuiert wurde, als das Heilige Land vollständig von den ›Ungläubigen‹ unterworfen worden war.

Als Wehrbauten waren die Ordensburgen relativ modern; inwieweit sie Elemente der (auf der spätantiken basierenden) islamischen Militärbaukunst übernommen haben, ist noch Gegenstand der Diskussion. Jedenfalls nutzten die Templer die Gelegenheit, in Europa mündliche und schriftliche Berichte über den großen Aufwand verbreiten zu lassen, der sie die Errichtung, Erhaltung und der Ausbau ihrer Wehrbauten kostete – eine Aufforderung, Geld an sie zu spenden.

Jedoch gehörten auch viele Burgen den Templern, die nicht sie selber errichten ließen, sondern welche ihnen bereits als fertige Anlagen übereignet wurden und daher gar keinen für Kreuzfahrerfesten spezifischen Baucharakter zeigen. So ist – nur ein Beispiel – Burg Eichhorn (Wewerzi) in Mähren eine typische Abschnittsburg, wie man sie in dieser Region hundertfach findet. Sie unterstand unter anderem dem Herzog von Brünn; 1253 verlieh sie König Wenzel I. Premysl an die Templer, die sie bis zur Auflösung ihrer Gemeinschaft 1311 in Besitz hatten. Allerdings erst nach einer verlustreichen Schlacht und Belagerung des festen Ortes, da der alte Inhaber sich weigerte, den Platz zu räumen.

In den Städten besaß der Orden natürlich auch zivile Bauwerke wie Wohnhäuser, auf dem Land neben Feldern und Wäldern verschiedene Nutzbauten wie zum Beispiel Mühlen.

Sind alle Templerkirchen rund?

Die Gotteshäuser des Ordens

Das Kreissymbol

Der typische Kirchenbau des Mittelalters ist die auf antike Vorbilder zurückgehende längsrechteckige Anlage. Das Modell des ›Durchgangsraums‹, den man durchschreiten muss, um zum Allerheiligsten zu gelangen, zum Hochaltar, liegt der kleinen einschiffigen Dorfkirche genauso zugrunde wie der monumentalen vielschiffigen städtischen Kathedrale.

Nun gibt es einige wichtige Templerkirchen, die nicht diesem Schema folgen, sondern Rundbauten oder Polygone darstellen. Sie waren zwar weit in der Minderzahl, da der Orden seine Gotteshäuser üblicherweise auch als Längsbauten errichtete, nährten aber fantastische Spekulationen. Der Kreis als Grundriss kann natürlich eine kosmologische Bedeutung haben – und schon ist man beim vorgeschichtlichen Stonehenge, zumal den Templern ja so gern »uraltes Wissen« zugeschrieben wird. Oder man entdeckt in den Bauten Kopien des mythischen Gralstempels, wobei man sich sogar auf einen deutschen Dichter um 1270 berufen kann, Albrecht (von Scharfenberg?), der die Gralskirche in seinem *Jüngeren Titurel* immerhin achteckig beschrieb. Oder man bringt sogar die Symbolik der jüdischen Kabbala ins Spiel …

Die Erklärung für die wenigen runden Templerkirchen, wie sie in Paris, London und Tomar in

Portugal errichtet wurden, ist viel unspektakulärer: Sie sollten an den Bau des Heiligen Grabes in Jerusalem erinnern, nicht unpassend für eine in nächster Nähe beheimatete Bruderschaft.

Grundriss der Pariser Templerkirche

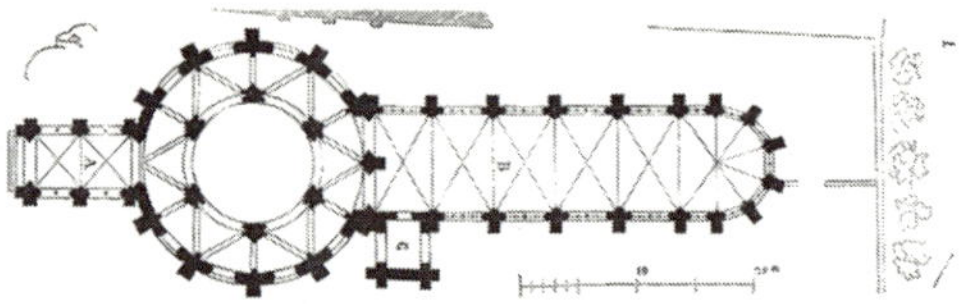

Es existiert eine Reihe von mittelalterlichen Zentralbauten, die mit den Templern nicht das Geringste zu tun haben. Besonders berühmte, wie San Vitale in Ravenna oder das Aachener Münster, können dies auch gar nicht, da sie vor der Ordensgründung errichtet wurden. Aber auch die zahlreichen kirchlichen Rundbauten in Skandinavien, besonders auf Gotland und den dänischen Inseln, haben nichts mit dem Orden zu tun, der im Norden über keinerlei Niederlassungen verfügte. Vielleicht hat König Ludwig der Bayer an die Gralskirche des *Jüngeren Titurel* gedacht, als er ab 1330 die Benediktinerabtei Ettal auf vieleckigem Grundriss erbauen ließ; an den damals schon fast zwanzig Jahre lang aufgelösten Templerorden aber wohl kaum.

Temple in London

Die eindrucksvollste noch stehende Templerkirche ist der Temple in London (nach dem auch eine U-Bahn-Station benannt ist), eine hervorragende Architektur des 12. und 13. Jahrhunderts, in der sich bedeutende Rittergrabmäler finden. Sie be-

steht aus einem Rundbau und einem anschließenden Längsbau, Ersterer ist mit kostbaren Säulen aus schwarzem Marmor ausgestattet. 1185 vom Patriarchen von Jerusalem geweiht, wurde er 1311 den Hospitalitern übereignet, die ihn an zwei Kollegien von Rechtsanwälten weitergaben. Bis heute verbindet man in London den Temple mit Juristerei.
Eine Templerkirche, die noch Teile der ursprünglichen Freskomalerei (ebenfalls 13. Jahrhundert) bewahrt hat, kann man in Perugia besuchen: San Bevignate. Bei diesem päpstlicherseits nie anerkannten Lokalheiligen handelt es sich allerdings nicht um einen Templer, sondern um einen Einsiedler; der Orden selbst hat überhaupt keinen Heiligen hervorgebracht. Die Ritter sind dort nicht nur im Kampf, sondern auch in ihren Kutten dargestellt, also beim Gottesdienst; auch ein Schiff des Ordens ist zu sehen. In Mittelportugal ist der ins 12. Jahrhundert zurückgehende *Convento da Ordem de Cristo* in Tomar Weltkulturerbe; er wurde allerdings großteils in der Renaissance ornamental umgestaltet.
In Deutschland sind dagegen keine nennenswerten Überreste aus Ordensbesitz erhalten geblieben, gelegentlich erinnern nur noch Namen an entsprechende Niederlassungen (zum Beispiel Berlin-Tempelhof). Erhaltene Kapellen wie jene in der Komturei Mücheln bei Wettin (um 1270) bergen nichts spezifisch ›Templerisches‹.

Die Vernichtung des Ordens

Fielen die Templer einer Verschwörung zum Opfer?

Philipp der Schöne beschließt das Ende der Rittermönche

Bis 1291 hatten die türkischen Mamelucken sämtliche Kreuzfahrerstaaten unterworfen. Keiner der Ritterorden hatte diese Katastrophe aufhalten können; den Templern als einem besonders durch Spenden begünstigten Orden nahm man das im Westen freilich auch besonders übel. Auch hatten sich manche der höheren Chargen nach Zypern in Sicherheit gebracht, während für viele andere kein Platz mehr auf den Schiffen war, was einem Todesurteil gleichkam.

Sturz der Templer

Während die sonstigen Ritterorden eigene Territorien erwarben, wie der Deutsche Orden in Preussen und die Johanniter auf Malta, blieben die Templer über ganz Europa verstreut und konnten nicht darlegen, weshalb man ihrer weiterhin bedurft hätte.

In der Tat planten viele Herrscher immer wieder eine Rückeroberung der Heimat Christi, und dabei sollten nach einigen dieser Konzepte die Ritterorden an vorderster Front stehen. Dafür wurde zwar fleißig Geld gesammelt, doch kam es nie zu einer ernst zu nehmenden Aktion. Auch das schürte den allgemeinen Unmut den Tempelherren gegenüber, den vor allem der Reichtum und die Arroganz der Ritter bei manchen Geistlichen und Laien ohnehin bereits erzeugt hatten.

Trotzdem kam der Sturz des Ordens in den Jahren 1307 bis 1312 völlig unvermutet und hat keine wirklichen Parallelen in der Kirchengeschichte. Die in diesem Zusammenhang gern genannte Aufhebung der Jesuiten 1773 verlief wesentlich ruhiger, es gab keine Folter-Verhöre oder gar Hinrichtungen, und 1814 war der Orden wieder in vollem Umfang hergestellt, sodass es manche Nachfolger des heiligen Ignatius von Loyola gab, die nach einundvierzig Jahren wieder in Amt und Würden kamen.

Intrigen und Seilschaften

Es bedurfte der kriminellen Energie eines der habgierigsten Monarchen des Mittelalters und der skrupellosen Komplizenschaft eines der schwächsten Päpste, den – im Grunde – doch noch hochangesehenen Ritterorden zu vernichten. Philipp IV., genannt der Schöne, aus der Dynastie der Kapetinger, regierte Frankreich von 1285 bis 1314, war ständig mit Eroberungskriegen vor allem gegen die Länder im Nordosten seiner Monarchie beschäftigt, die viel Geld kosteten. Nachdem der Herrscher schon die Juden und die italienischen Bankiers ausgebeutet hatte, verfiel er auf die Idee, sich auch die Gelder und Besitzungen der Templer einzuverleiben. Auch müssen ihn, der sein Reich als geschlossenen Territorialstaat wünschte, die Enklaven einer nicht dem König unterstehenden Militärmacht gestört haben. Sein Kanzler, der gewissenlose Wilhelm von Nogaret, plante den Vernichtungsfeldzug mit gewohnter Effektivität und gewiss mit Genugtuung, war doch sein Großvater von Templern als Ketzer angezeigt und nach dem Urteil der Inquisition verbrannt worden. Angebliche Religionsvergehen der Ritter, von denen nur wenige und nur vom Hörensagen wussten, wurden nun maßlos aufgeblasen, um unter dem Vorwand der Ketzerbekämpfung die Templer zu liquidieren und ihr Vermögen einziehen zu können.

Stockholmer Blutbad

Seit die katholische Kirche unter Papst Innozenz III. damit begonnen hatte, in großem Maßstab deviante Gläubige durch Kreuzzüge und die Inquisition zu liquidieren, wurde der Vorwurf der Ketzerei auch von weltlichen Größen immer wieder als Mittel politischer Propaganda und Rechtfertigung gewaltsamer Aktionen eingesetzt. Der Prozess Philipps IV. von Frankreich gegen die Templer ist nur das bekannteste Beispiel. Um noch ein anderes Beispiel für die machtpolitische Funktionalisierung der Ketzereianklage zu geben: Als Christian II., der König von Dänemark, 1520 auch den schwedischen Thron bestieg, legte ihm Erzbischof Gustav Trolle eine Liste seiner Gegner vor. Diese bezeichnete er, da sie seine Absetzung erzwungen hat-

ten, und wegen des Raubs von Kirchengütern allesamt als Ketzer. Da die Männer zuvor vom König amnestiert worden waren, wählte er diesen Umweg über das Kirchenrecht, um sie unter dem Vorwand von Religionsvergehen doch noch töten zu können. Sofort ließ der König die Männer, die er hinterlistig zu seinem Krönungsfest eingeladen hatte, festnehmen, aburteilen und hinrichten. Die Begründung für ihre Hinrichtung lautete, dass die weltliche Macht die Verurteilung durch die geistliche zu exekutieren habe. Dieser Justizmord an etwa 100 hochgestellten Schweden ist als »Stockholmer Blutbad« in die Geschichte eingegangen.

Konzil von Vienne

Nun unterstanden die Tempelherren als geistliche Institution natürlich nicht dem französischen König, sondern dem Papst. Bei diesem handelte es sich um einen Franzosen, Bertrand de Got, der von 1305 bis 1314 unter dem Namen Clemens V. die Tiara trug und seine Residenz 1309 nach Avignon verlegte, wodurch er das Große Schisma – ein Heiliger Vater in Avignon, einer in Rom – erst ermöglichte, das bis ins 15. Jahrhundert hinein so viel Unglück stiften sollte. Es ist sicher, dass Clemens nicht von Anfang an daran glaubte, der Orden sei wirklich der Häresie verfallen, und sehr unwahrscheinlich, dass er dies jemals später wirklich annahm. Vielmehr opferte er die Templer, um den König nicht zu verärgern, der ihm mit einem Ketzerprozess gegen den vorhergehenden Papst Bonifatius VIII. drohte. Clemens ließ aber Philipp nicht nur mit all seiner Brutalität agieren, sondern unterstützte ihn sogar aktiv, was er nicht hätte tun müssen. Das von ihm geleitete Konzil zu Vienne 1311/12 bedeutete das kirchenrechtliche Ende der Tempelherren, die damals freilich meistenteils schon getötet oder gefangen gesetzt waren. Anders als bei den sonstigen Verfolgungen von Minoritäten im 14. Jahrhundert aufgrund von Verschwörungstheorien – namentlich die der Leprösen und der Juden – handelte es sich bei den Templern jedoch um keine Randgruppe, kamen ihre Mitglieder doch in der Regel aus hochgestellten Familien. Insofern hatte der königstreue Verfasser des Romans *Fauvel* mit seiner Aussage »Gott hat dem König von Frankreich große Gnade gewährt« ganz recht: Für Philipp war ein so leicht zu gängelnder Papst wie Clemens ein Gottesgeschenk. Gemünzt war die Phrase freilich auf die »Aufdeckung« der angeblichen templerischen Ketzerei und ihre Unterdrückung.

Papst Bonifatius VIII.

Es ist wenig bekannt, dass das Konzil von Vienne auch mit einer anderen, nicht minder Aufsehen erregenden Anklage befasst war. Schon längst hatte Philipp der Schöne gewünscht, den toten Amtsvorgänger des Papstes Clemens, nämlich Bonifatius VIII., als Häretiker verurteilt zu sehen. Dies hätte unter anderem die Exhumierung und Verbrennung seiner Leiche bedeutet sowie die Aufhebung all seiner Bullen. Bonifatius

war 1303 auf Befehl des französischen Herrschers von Kanzler Nogaret gefangen genommen und misshandelt worden, woraufhin er bald das Zeitliche gesegnet hatte. Ein wesentlicher Grund war seine Bulle *Unam sanctam* gewesen, in der er verlangte, dass alle Monarchen auch in weltlichen Dingen Befehlsempfänger des Papsttums zu sein hatten.
Nach langen Verhandlungen verzichtete Philipp jedoch auf diesen Schauprozess und wurde dafür von Clemens als der beste aller denkbaren Kirchenfreunde gepriesen. Vom Konzil wurden alle Angreifer des toten Bonifatius als unschuldig freigesprochen und Frankreich als einziges Reich von der Geltung von *Unam sanctam* ausgenommen.
Es fällt auf, dass die ins Spiel gebrachten Vorwürfe gegen Bonifatius viele Parallelen mit denen gegen die Tempelherren zeigten: Blasphemie, Unsittlichkeit, Magie, Ketzerei. Kein Wunder, denn die Ankläger waren dieselben, die auch gegen den Orden auftraten.

Feierten die Templer Schwarze Messen?

Die Vorwürfe gegen den Orden

Welche Anschuldigungen wurden gegen die Ritter vom Tempel Salomonis erhoben? Der französische König ließ eine Liste von Häresieartikeln aufstellen, von denen schon einzelne für ein Inquisitionsverfahren und die Todesstrafe gereicht hätten. Aufgrund dieses Katalogs wurden nicht nur in seinem ganzen Reich die Tempelherren und Personen aus ihrem Umfeld verhaftet, sondern Abschriften dieser Anklagen wurden von Paris aus auch an die anderen europäischen Monarchen versandt, damit diese dieselben Untersuchungen anstellen konnten.

Hier die zentralen Punkte:

Die Tempelherren
- zwangen die Novizen, Christus beim Eintritt in den Orden zu verleugnen, wobei sie auf ein Kruzifix spucken mussten,
- ließen sich bei der Aufnahme von den Novizen Küsse aufs Hinterteil geben,
- erlaubten homosexuellen Geschlechtsverkehr (»Sodomie«) untereinander,
- beteten ein Idol namens Baphomet oder eine Katze an,
- glaubten, die Meister könnten von Sünden lossprechen, obwohl sie keine Priester waren,
- ließen die Messen ohne die Konsekrationsworte lesen,

– würden unlautere Praktiken und Ziele beim Erwerb irdischer Güter anstreben.

Hintergründe der Vorwürfe

Woher nahm man solch ungeheuerliche Anschuldigungen? War es so, dass die königlichen Beamten, die die Anklageschrift für einen Prozess zusammenstellten, nur ihrer Phantasie freien Lauf gelassen haben? Kaum, vielmehr wurden einzelne Kritikpunkte, die von abgefallenen Ordensmitgliedern von selbst oder gegen Geld »verraten« worden waren und an denen wohl etwas Wahres sein konnte, ins Monströse vergrößert und mit Standardelementen des seit Generationen virulenten katholischen Ketzerbildes ausgestattet; ebenso wurden andere Sachverhalte absichtlich zum Nachteil der Templer uminterpretiert.

Dafür je ein Beispiel: In den mittelalterlichen Orden hatten die Äbte innerhalb ihrer Klöster in einem unscharf definierten Grad Rechte, die ihnen durch die jeweilige Regel und päpstliche Privilegien zukamen, nicht durch allgemeines Kirchenrecht. Nach Letzterem konnten nur Priester die Gläubigen von den Sünden lossprechen. Viele der theologisch nicht gebildeten, in der Regel auch latein- und leseunkundigen Kriegermönche schrieben nun diese Binde- und Lösegewalt auch ihren Komturen zu, obwohl sie ja keine Geistlichen waren. Was sie mit dem Bußsakrament verwechselten, war das Recht dieser Herren, Strafen für Verstöße gegen die Ordensregel nachzulassen. Dass die Templer aber irgendwie die geistlichen Funktionen ihrer Kapläne infrage gestellt hätten, ist damit keineswegs impliziert. Was vielmehr tatsächlich gelegentlich vorkam, war, dass einzelne Brüder Ordenseigentum stahlen und sich von den Prioren gegen Geld von dieser Sünde lossprechen ließen. Das sind aber individuelle Verfehlungen, die den Orden als Ganzes nicht hätten in Misskredit bringen können.

Baphomet-Idol

Oder das berüchtigte Baphomet-Idol. Dieses verehrten die Ritter angeblich nach islamischer Manier (aus diesem Bereich kommt der Name, wohl eine Verdrehung von Mohammed). Es wird unterschiedlich beschrieben, häufig als bärtiger Kopf.

Nun gab es im Spätmittelalter wirklich Fälle von Zauberei, wo auch ein Idol verwendet wurde, aber die diesbezügliche Anschuldigung gegen die Ordensmitglieder dürfte auf mehreren absichtlichen Missverständnissen basieren: Einerseits kannte und kennt der Islam keine Götzenanbetung (obwohl dies eine der falschen Vorstellungen war, die die mittelalterlichen Christen in Europa von der feindlichen Religion hatten). So konnten auch Templer keinen solchen Irrglauben aus dem Orient mitgebracht haben. Andererseits verehrte und verehrt man im Katholizismus sehr wohl Schädel und andere Körperteile der Heiligen als Reliquien; sie wurden in kopfförmige Behälter eingeschlossen, wie sie aus der Spätromanik und namentlich der Gotik zahlreich erhalten sind. Köln war vor allem seit dem späten 13. Jahrhundert eine Hauptproduktionsstätte von Kopfreliquiaren, die die Schädelknochen der

11 000 Jungfrauen der heiligen Ursula beherbergen. Gerade einen solchen Kopf besaß und verehrte man in der Tat und völlig legitim im Pariser *Temple*. Außerdem eine ähnliche, genauso legale Kopfreliquie der heiligen Euphemia im Orient.

Aber es gab noch weitere verehrungswürdige Köpfe, auch mit Bart. Nämlich einmal den abgeschnittenen Kopf des heiligen Johannes des Täufers. Dass auch die Templer entsprechende Darstellungen besessen haben wie die Johanniter sicher, ist höchst wahrscheinlich. Andererseits wurde das bärtige Antlitz Christi, wie es sich der Legende nach auf dem Schweißtuch der heiligen Veronika eingeprägt hatte, seit dem 13. Jahrhundert in vielen christlichen Kirchen in Malerei und Reliefschnitzerei dargestellt. Deutsche Komturen des Templerordens verwendeten diesen ›Kopf‹ auf ihren Siegeln. Auch dies konnte man bösartig zu einem Idol werden lassen. Und Idolatrie wird schon in der Bibel an mehreren Stellen als Todsünde gebrandmarkt, weswegen der entsprechende Vorwurf zum kirchlichen Standardrepertoire gegen alle möglichen Feinde zählte. Auffälligerweise fanden die königlichen Beamten, die in Frankreich auf einem Schlag alle Niederlassungen der Templer durchsuchten, nirgendwo ein kopfförmiges oder anderes Idol! Und ebenso wenig gelang es den Verfolgern der Rittermönche in anderen Ländern, ein solches ›Beweisstück‹ zu Tage zu fördern.

Man sieht also in etwa, wie es durchaus reale Kristallisationspunkte gegeben hat, auf denen basierend die Feinde des Ordens ihre Verleumdungen spannen. Mit der Mischung von Blasphemie, Ketzerei, widernatürlichem Sex und Habgier wurde dann ein Gesamtbild entworfen, das mit dem wirklichen Leben der Tempelritter, soweit wir es beurteilen können, kaum etwas gemein hatte.

Wurden die Geständnisse der Templer unter Folter erzwungen?

Die Inquisition und der Templerorden

Philipp der Schöne hatte mit einem einzigen Schlag, dessen Organisation mit einer für seine Epoche völlig ungewöhnlichen Präzision ablief, sämtliche Tempelherren seines Reiches an ein und demselben Tag verhaften lassen, und zwar am Freitag, den 13. Oktober 1307. Wenn man bei einem gut gerüsteten Ritterorden Widerstand erwartet hätte, irrte man, denn es gab keinen. Die Brüder waren offensichtlich derartig überrascht, dass sie die königlichen Beamten überall in ihre Burgen ließen, ohne Böses zu ahnen. Noch unverständlicher wird dies, wenn man bedenkt, dass sie alle aus ritterlichen oder adeligen Familien kamen, die zum Teil auch am Pariser Hof vertreten waren. Wieso hatte kein Angehöriger eines Templers von den Plänen des Königs Wind bekommen? Der Großmeister, Jakob von Molay, wusste immerhin um Anklagepläne vonseiten des Kapetingers, die er freilich anscheinend so wenig ernst nahm, dass er mit dem ganzen Konvent und Schatz von Zypern nach Paris reiste, anstatt sich dort zu verschanzen. So wurden im Morgengrauen dieses ›Schwarzen Freitags‹ sämtliche Templerherren, Sergeanten und Prioren von königlichen Beamten gefangen genommen und die gesamten Besitzungen beschlagnahmt. Dies geschah sogar formalrechtlich korrekt, denn Philipp hatte sich von dem Generalinquisitor von Frankreich, Wilhelm Imbert von Paris, der zufällig zugleich sein Beichtvater war, zu dieser ›Hilfe des weltlichen Arms‹ beauftragen lassen. Auch versäumte er nicht, durch öffentliche Predigten dem Volk die Templer als einen Haufen von Verbrechern vorstellen zu lassen. Anscheinend wagte niemand darauf hinzuweisen, dass die offizielle königliche Lesart gerade eben noch eine ganz andere gewesen war und dem Anführer dieser Kriminellen, dem Großmeister, noch am Vortag der Verhaftung (!) bei einer Trauerfeierlichkeit der Herrscherfamilie eine ganz besonders bevorzugte Position gewährt worden war.

Unschuldig Verfolgte?

Wie urteilt die historische Forschung über die Schuld der Templer? Heute gibt es fast keine Mittelalter-Spezialisten mehr, die an der Unschuld des Ordens in allen wesentlichen Punkten zweifeln würden. Die Tatsache, dass so gut wie alle Geständnisse von Tempelrittern auf der Folter erpresst worden waren und sie einander so gleichen, dass man einen von den Verhörenden vorgegebenen Katalog erkennen kann, entwertet sie als ernst zu nehmende Quellen. Man weiß nicht nur aus den Hexenverfolgungen, sondern auch aus der jüngeren Geschichte, etwa den Schauprozessen gegen die wirklichen oder vermeintlichen Feinde Stalins in der Sowjetunion, dass durch Folter auch die unsinnigsten Aussagen erzwungen werden können.
Freilich gab es im 19. Jahrhundert ausgesprochen seriöse und kompetente

Historiker, die trotzdem von einer Schuld des Ordens überzeugt waren, wie in Frankreich der berühmte Jules Michelet, der auch Akten aus dem Templerprozess veröffentlichte, in Deutschland Ferdinand Wilcke und Hans Prutz, beides Spezialisten der Ordens- bzw. Kreuzzuggeschichte. Vielleicht sollte man heute vorsichtigerweise sagen, dass von einer ketzerischen ›Templerei‹ im Sinne einer widerchristlichen Organisation keine Rede sein kann, dass es aber in verschiedenen Bereichen offenbar Missstände gegeben hat, die eine Reformierung des Ordens sehr wohl erfordert hätten.

Folter als Rechtsmittel

Nachdem die Beschuldigungen so gravierende Religionsfrevel wie Gotteslästerung und Dämonenkult enthielten, war auch die Anwendung der Folter im Verhör nichts Außergewöhnliches. Gefoltert wurde und wird zu allen Zeiten und nahezu überall, aber im Spätmittelalter und in der Frühneuzeit war dies in Europa in fast allen Ländern ein *völlig legales* Mittel der Gerichte zur Wahrheitsfindung. Dass es auch in geistlichen Verfahren von der Inquisition eingesetzt wurde, war einem Papst zu verdanken: Innozenz IV., versierter Kirchenrechtler, schrieb 1252 in einer Bulle den Einsatz der Tortur bei Ketzerverhören vor, und so sollte es bis zur Aufklärung bleiben.

Die der Inquisition zu Hilfe eilenden Schergen des Königs wandten die Folter in einem so extremen Maß an, dass auch Augenzeugen entsetzt waren. Als der Großmeister Ende 1307 seine Schuld öffentlich vor Kardinälen und einer eilig zusammengerufenen Menge wiederholen sollte, widerrief er unerwarteterweise sein Geständnis, wobei der Greis seinen Mantel ablegte und »seine bis auf Knochen und Sehnen zerrissenen Arme« und »die über Brust, Rücken, Bauch und Oberschenkel abgezogene Haut« enthüllte. Das soll die Kardinäle zu Tränen veranlasst haben; faktisch ging der Prozess jedoch mit denselben Methoden weiter, und dies bald auf wiederholte und ausdrückliche Anordnung des Papstes.

Die meisten Ritter gestanden unter den Qualen, einige widerriefen später, was ihnen, wie Molay, jedenfalls die Todesstrafe als rückfällige Ketzer einbrachte. Da stets dieselben Fragenraster verwendet wurden, kam es auch zu übereinstimmenden Antworten – eben den Antworten, die die Verhörenden den Gefangenen in den Mund legten.

Wahrheit tötet

Aus der Schilderung eines Zeitzeugen über den Umgang mit den verhafteten Templern: »Sie wurden schändlich und entehrend mit zerstörerischer Wut eingekerkert, mit Schmähungen, schwersten Drohungen, mannigfachen Arten von Torturen bedrängt, wurden gezwungen zu sterben oder absurde Lügen zu produzieren, worüber sie nichts wussten. Sie sind widerrechtlich in die Hände ihrer Feinde gegeben, die sie mit

diesen Martern dazu zwingen, eine üble, widerliche und verlogene Liste vorzulesen, die für Menschenohren nicht anhörbar ist und das Menschenherz nicht erreichen dürfte. Aber falls die Brüder sich weigern, diese Lügen zu produzieren, wiewohl sie darüber absolut nichts wissen, zwingen sie die Martern der Wärter, die sie täglich bedrängen, diese Lügen auszusprechen. Und sie sagen, dass sie sie vor den Dominikanern hersagen müssen und ihre Richtigkeit bestätigen müssen, wenn sie ihr Leben retten und die volle Gnade des Königs erhalten wollen (...). Ist es zum Staunen, dass sie das sagen, was die Folterer wollen, wo sie doch die Wahrheit tötet und Lügen sie vor dem Tode retten?« (1308; die Dominikaner oder Prediger waren jener geistliche Orden, der in der Regel die Inquisition praktisch durchführte).

Man spricht zwar stets vom Templerprozess, und so war das Vorgehen Philipps IV. und seines Inquisitors in der Tat camoufliert. Aber zu einem kirchlichen Prozess, der den Orden aufgehoben hätte, kam es nie. Vielmehr suspendierte der Papst am 22. März 1312 auf dem XV. ökumenischen Konzil in Vienne den Orden, ohne ein kanonisches Prozedere, ohne die von den meisten der versammelten Prälaten gewünschte Debatte. Einfach aus apostolischer Machtvollkommenheit. Der Großmeister Jakob von Molay fügte sich trotz seines hohen Alters nicht in die lebenslängliche Gefangenschaft, sondern widerrief seine früheren Geständnisse. Darauf verbrannte man ihn als rückfälligen Häretiker 1314 auf einer Pariser Seine-Insel. Seinen innigsten Wunsch, sich vor dem Papst selbst rechtfertigen zu können, hatte dieser nie erfüllt. Aber Molay verfluchte vor seinem Ende noch den Heiligen Vater wie den französischen König: Sie sollten mit ihm vor das Gericht Gottes treten. Tatsächlich segneten beide binnen Jahresfrist das Zeitliche.

Hinrichtung Jakobs von Molay und Godefrois de Charnys

Zerstörte der Papst den Templerorden?

Papst Clemens V. – Beschützer oder Zerstörer des Ordens?

Die Rolle König Philipps war eine eindeutige, seine Ziele liegen klar zu Tage, wenn auch nicht alle Gründe für sein schändliches Handeln.

Aber der Heilige Vater! Wie oft haben die Templer ihn in ihren Verliesen angerufen, darauf vertrauend, von ihm vor ein *gerechtes* kirchliches Tribunal gestellt zu werden.

Von wohl allen Historikern des 19. und 20. Jahrhunderts, auch von katholischen Kirchenhistorikern, ist Clemens V. als schwacher Charakter und Monarch bezeichnet worden. Zweifelsohne zu Recht. Aber dies ist ein verharmlosendes Urteil. Denn der, der Schützer des ihm unterstellten Ordens hätte sein müssen, wurde sein Zerstörer.

Schwäche des Papstes

In einer Anfangsphase hatte der Papst noch gemeint, die Angelegenheit so führen zu können, dass der Kirche dieser gravierende Schaden, eine ihrer berühmtesten Institutionen als durchgehend verbrecherisch und ketzerisch bezeichnen zu müssen, erspart bleiben würde. Es gab milde Ermahnungen an den König, mit dem Clemens seit seiner Zeit als Erzbischof von Bordeaux, als er noch Bertrand de Got hieß, in Verbindung stand. Wenn er sich dadurch Vorteile versprochen hatte, fand er sich allerdings getäuscht. 1305 zum Papst gewählt, war er nicht etwa nach Rom gezogen, sondern bereiste mit seinem Hof Frankreich, wo er sich 1309 in Avignon bleibend niederließ – also zu einer Zeit, wo er sehr wohl erkannt haben musste, wozu Philipp fähig war.

Dokument von Chinon

Im berühmten Vatikanischen Geheimarchiv wurde 2001 eine bisher nicht bekannte Urkunde entdeckt, die die Aufhebung der Exkommunikation von fünf führenden Tempelherren durch drei im Auftrag Papst Clemens V. handelnde Kardinäle verfügt. Sogleich gab es ein ungewöhnlich reiches Echo in den sonst nicht so sehr am Mittelalter interessierten allgemeinen Medien: Man verkündete, der Heilige Vater habe den Orden von jeder Schuld freigesprochen. Dies ist jedoch nicht der Inhalt des Dokuments, das im August 1308 zu Chinon ausgefertigt wurde. Erstens geht es nur um die Wiederaufnahme von fünf hochrangigen, zurzeit im Gefängnis befindlichen Templern in die katholische Kirche (womit sie wieder die Kommunion erhalten konnten). Zweitens ist vom Orden als Ganzem bzw. den anderen Ordensmitgliedern gar nichts gesagt. Drittens ist es nicht der Papst selbst, der die Urkunde ausfertigte, sondern die genannten Kardinäle. Sie hatten die Aussagen der Rittermönche gehört und agierten als Legaten des Pontifex maximus, das heißt mit seiner Zustimmung. Aus dem

Datum lässt sich erschließen, dass die Urkunde zu einem Zeitpunkt ausgestellt wurde, zu dem der Papst noch hoffte, die ganze Angelegenheit seiner Jurisdiktion unterstellen zu können.

Allem Anschein nach war Clemens vor allem daran interessiert, den Skandal zu vermeiden, der durch die Häresievorwürfe gegen einen weitverbreiteten Ritterorden entstehen musste, und daran, zumindest die Güter und Finanzen der Templer in kirchlichen Händen zu bewahren.

Ersteres ist dem Heiligen Vater nicht gelungen, die Verbrennung von zahlreichen Templern war ein Skandal und musste auch gutgläubige Katholiken verunsichern. Dagegen gelang es ihm doch, einen großen Teil des Ordensvermögens an andere geistliche Institutionen zu übertragen. Wenn er hier Philipp die Stirne bieten konnte, der doch gerade dieses Besitzes wegen die ganze Sache angezettelt hatte, warum nicht bei der Verteidigung der Ordensmitglieder?

Intrigen und Verleumdungen

Man kann sich des Eindrucks nicht erwehren, dass der Papst ab einem gewissen Zeitpunkt seine Meinung dem Kapetinger zuliebe umdrehte und schließlich selbst das Ende der Tempelherren anstrebte. Vielleicht begann auch er letztlich, einiges aus der königlichen Verleumdungskampagne für wahr zu halten. Bemerkenswert ist jedenfalls ein Schreiben, das der Papst im

Juni 1310 an den englischen König Eduard II. richtete, der nicht an die Schuld der Brüder glauben wollte und vielmehr ein ganz positives Urteil über sie fällte. Clemens verhieß ihm die ewige Verdammnis, wenn er nicht »sofort« die Angeklagten der Folter unterwerfen würde. Diese Drohung machte den Monarchen gefügig, der sich zuvor darauf berufen hatte, nach englischem Recht dürfe niemand zum Zweck der Wahrheitsfindung gefoltert werden. Erst dadurch kam es schließlich auch auf der Insel zu erzwungenen Geständnissen gemäß des französischen Sündenkatalogs. Daher nannte Dante in seiner *Divina Commedia* Papst Clemens V. zu Recht »einen Hirten ohne jedes Gesetz«.

Wie König Philipp, so segnete das Oberhaupt der Catholica gleicherweise noch 1314 das Zeitliche. Der Fluch des letzten Großmeisters auf dem Scheiterhaufen hatte also gewirkt, wie manche glaubten. Es erscheint wie eine Ironie der Geschichte, dass sich unter den wenigen Habseligkeiten, die der Papst bei seinem Tode zurückließ, die Templerregel befand, »in gegerbtes Leder gebunden und mit eisernem Schloss versehen …« Seine Lieblingsidee, die Lieblingsidee vieler Päpste seit dem heiligen Gregor VII., einen großen Kreuzzug gegen den Islam zu organisieren, hat er nicht verwirklicht. Jakob von Molay hätte sie unterstützt.

Wurden wirklich alle Templer getötet?

Was aus den überlebenden Tempelrittern wurde

Was aus den einzelnen Besitzungen des Ordens nach seiner Aufhebung wurde, weiß man zumeist, da sich die auf die Templer folgenden Inhaber urkundlich nachweisen lassen. Die Ländereien kamen großteils an den Ritterorden der Hospitaliter/Johanniter, genug blieb freilich immer noch in der Hand Philipps und anderer weltlicher Herrscher. Weniger gut weiß man über die Menschen Bescheid. Denn verbrannt wurden ja keineswegs alle Ritter, speziell nicht außerhalb des Machtbereichs des Kapetingers Philipp.

Vielfältige Lebenswege

Der Orden war zwar durch apostolische Machtvollkommenheit aufgehoben, Ex-Templer gab es aber noch in vielen Ländern. Einige blieben eine Zeit lang eingekerkert; in anderen Ländern als Frankreich konnten manche fliehen oder sogar zu den Familien zurückkehren, denen sie angehörten. Einige verdingten sich als Söldner.

Andere wurden sogar als unschuldig betrachtet und konnten ihren Gelübden in einem anderen geistlichen Orden nachkommen. Jene Tempelherren, die bei den Vernehmungen bekannt hatten, was man wünschte, und um Wiederaufnahme in die Kirche gebeten hatten, erhielten entsprechende Bußen und durften den Rest ihrer Tage in Ruhe in einem Kloster verbringen, teilweise sogar mit einer Pension aus dem früheren Vermögen des Ordens.

Nachfolger Christusorden

Atypisch war die Situation im Königreich Portugal: Der dortige Monarch Dionysius ließ die in seinem Land besonders angesehenen Rittermönche nicht verfolgen, sondern sorgte dafür, dass sie sich in einem neuen Orden zusammenschließen konnten, dem Christusorden (Ordem de Cristo). Dieser wurde 1319 von dem nächsten Papst, Johannes XXII., bestätigt und nahm bald Mitglieder des Herrscherhauses auf. Ab 1456 hatte er mit der Zustimmung Roms die geistliche Jurisdiktion über die portugiesischen Kolonien in Afrika und Asien inne.

Der Mythos der Templer: Teufel, Dämonen und ein geheimer Schatz

Waren die Templer Ketzer und Gotteslästerer?

Wie die Überlieferung von einem templerischen Ketzerbund entstand

Wie schon angedeutet, gab es Verhaltensweisen vonseiten des Ordens, die mehr Misstrauen erregten, als man in den Komtureien vermutet hätte. Ich meine jetzt nicht das zweifellos unangemessen intensive Interesse der Templer für irdischen Besitz und das Streben nach päpstlichen Ausnahmeregeln. Den Beobachtern, die für kurze Zeit aus dem Westen das Heilige Land besuchten, musste natürlich die Vertrautheit der Herrn vom Tempel mit dem Feind auffallen: Es war in den Städten, die ja auch unter christlicher Herrschaft eine große islamische und jüdische Bevölkerung beherbergten, gar nicht anders möglich, als in Friedenszeiten mit Andersgläubigen in Kontakt zu kommen. Ebenso wie andere Ritterorden und christliche Herrscher verbündeten sich die Templer in politischen Konflikten innerhalb der Kreuzfahrerstaaten gelegentlich mit türkischen Größen. Tatsächlich konvertierten zuweilen auch Ordensmitglieder zum Islam. Berichte von solchen Verhaltensweisen wuchsen dann in Europa zu Gerüchten, die aus dem Orden schon eine insgeheim zur gegnerischen Religion übergetretene Vereinigung machten.

Zauberkünste und Magie

Der Zauber des Orients bestand auch in seiner vorgeblichen Beherrschung magischer, im Abendland noch unbekannter Praktiken. So erreichten Zauberbücher, meist auf antiken Traditionen basierend, über das Arabische den Westen. Wenn ein Orden, der so viel Wert auf Geheimhaltung legte wie die Ritter vom Grabe Christi, mit magischem Wissen in Verbindung gebracht wurde, ist das vielleicht nicht ganz unverständlich. Tatsächlich ist aber nur ein einziger Templer bekannt, der sich mit solchen häretischen Praktiken befasste – ein Ex-Templer, der nach der Auflösung des Ordens bei einem Kardinal als Nekromant angestellt war.

Die Zeit des frühen 14. Jahrhunderts in Südfrankreich muss an Magiern besonders reich gewesen sein; eine ganze Reihe von Prozessen wurde dort wegen dieses Deliktes geführt, jedoch ohne Beschuldigung eines einzigen Templers! Der Vorwurf, die verbotenen Künste auszuüben, war sehr beliebt, wenn es darum ging, einen Widersacher anzuschwärzen; so hat man Papst Bonifatius VIII. dieses Vergehen nicht weniger angelastet als dem Bischof von Troyes und Personen aus dem engsten Umkreis König Philipps.

Christentum und Zauberei

Magie bzw. Zauberei wurde in allen prämodernen Gesellschaften praktiziert und wird es in einzelnen Fällen immer noch, selbst in den aufgeklärten Gesellschaften westlicher Prägung. Während es sich für uns um die Wunschfantasie handelt, mit frei erfundenen außernatürlichen Kräften in den Lauf der Natur einzugreifen, war man früher durchaus ernstlich von der Möglichkeit überzeugt, manche Menschen bzw. manche Objekte, Riten oder Worte besäßen tatsächlich solche Gewalt.
Während die Antike hier ambivalent erscheint – zu größeren gesetzlichen Diskriminierungen und Verfolgungen kam es erst in der römischen Kaiserzeit –, galt Magie in allen christianisierten Staaten unbedingt als Verbrechen. Im Frühmittelalter vor allem mit Kirchenstrafen (Bußen) belegt, wurde die Einstellung der Obrigkeiten ab der Etablierung der Inquisition immer strenger. Mehr und mehr Zauberer mussten als Ketzer die Scheiterhaufen besteigen, bis dann ab dem 15. Jahrhundert regelrechte Verfolgungswellen vor allem gegen wirklich oder angeblich zaubernde Frauen ausbrachen, die Hexenverfolgungen.
In diesem Rahmen betrachtet, stellt der Templerprozess eine Stufe in der bis ins 17. Jahrhundert stetig zunehmenden Entwicklung von Angst vor Zauberei und ihrer Verfolgung dar.

Auch der Vorwurf der Sodomie mochte sich auf den einen oder anderen faktischen Fall gründen, wurde aber wiederum ungerechtfertigterweise auf den ganzen Orden ausgedehnt. Ketzerei mit Homosexualität zu verbinden, war im Spätmittelalter derartig üblich, dass man das Substantiv »Ketzer« für jeden gebrauchte, bei dem man diese sexuelle Orientierung wahrzunehmen glaubte. Nicht erst für die Templer wurde diese Anschuldigung erfunden, sondern eine ganze Reihe von Gruppen, die wirklich oder vermeintlich vom katholischen Glauben abgewichen waren, sollten laut der gegen sie gerichteten kirchlichen Propaganda erotische Orgien in finsteren Kellern und Höhlen feiern, bei denen sich jeder und jede wahllos preisgab. Anders gesagt, der Sodomievorwurf gehörte zum damaligen Ketzerstereotyp, wie er zum Beispiel in der ersten Hälfte des 13. Jahrhunderts gegen die Stedinger erhoben wurde, Bauern im Norden Bremens, die sich dem dortigen Bischof nicht unterwerfen wollten.

Über den fiktiven Baphomet, den man als »Hausgott« der Tempelherren vermutete, ist oben schon einiges gesagt worden; die Anklage der Idolatrie zählte ebenso zu den traditionellen Motiven von Juden und Christen, wenn es darum ging, einen Gegner zu verunglimpfen. Man bezichtigte ja auch die jede Herstellung und Verehrung religiöser Bilder grundsätzlich ablehnenden Muslime in zahllosen mittelalterlichen Texten und Bildern der Anbetung von Dämonenstatuen.

Die Kombination der genannten Sünden aber ergab die tödliche Mixtur, an der die Templer sterben sollten. Und eben dieses Bild sollte in die negative Templerlegende des späten Mittelalters und der Neuzeit eingehen: Danach wären die Rittermönche

- ein Orden mit geheimen Statuten gewesen,
- Anbeter eines dämonischen Kopfidols,
- der gleichgeschlechtlichen Liebe ergeben
- und Praktikanten der schwarzen Magie.

Waren die Templer die Hüter des Heiligen Grals?

Der Schatz der Templer

Nun gab es auch eine weiße Legende, nach der die Templer unschuldigerweise ermordete Ritter und Mönche gewesen seien (was zutrifft), aber trotzdem Träger von im Geheimen überlieferten Riten und Wissensgütern, einschließlich der Magie, Besitzer eines gigantischen Schatzes, Hüter des an sich schon höchst geheimnisvollen Grals und Vorbilder in allen Ritter-Tugenden. Einer der bekanntesten Okkultisten des 19. Jahrhunderts, Elias Levi, meinte zum Beispiel im Baphomet-Idol das Zentrum höchster Weisheit zu finden.

Auf Schatzsuche

Natürlich gab es Gruppen, welche an einer solchen verklärenden Legendenbildung interessiert waren: In der ersten Hälfte des 18. Jahrhunderts wurde die ahistorische Geschichte verbreitet, in den Kreuzfahrerstaaten arbeitende Steinmetze hätten die Freimaurerei begründet. Sie hätten im Orient die Gelegenheit gehabt, geheimes Wissen, bis in die Antike zurückreichend, zu erwerben. Traditionen der Sekte der Essener (der vielleicht Jesus Christus zugehörte) hätten dieses Wissen um jüdische Lehren bereichert. Die Großmeister des Templerordens hätten als Bewahrer dieser Überlieferungen fungiert.

Was den Pariser Schatz betrifft, so sei dieser bei der Besetzung des Tempels noch rechtzeitig vor den königlichen Schergen in Sicherheit und zu Schiff nach Portugal oder Schottland gebracht worden. Das hat manche Suchaktion vor laufender Kamera veranlasst, deren negatives Ergebnis jedem Historiker im Voraus klar war. Andere Autoren der jüngsten Zeit fabeln wieder von einem im Jerusalemer Tempelberg ausgegrabenen Schatz, zu dessen Hebung der Orden überhaupt erst gegründet worden sei. Aber vielleicht war es nicht Gold und Silber, was man dort fand, sondern, wenn schon, denn schon, das Haupt Jesu Christi (womit der Dämon Baphomet zu einer Körperreliquie des Religionsgründers wird!). Aber warum soll der Schatz der Templer nicht eigentlich auch der Schatz der südfranzösischen Katharer gewesen sein, der aus der von den katholischen Kreuzfahrern belagerten Festung Montsegur gerettet wurde …?

Langlebige Gerüchte

All diese Fantasien entbehren des Wichtigsten, was seriöse Geschichtsschreibung ausmacht: der Belege durch zeitgenössische Quellen. Vielmehr legen sie es bewusst auf Mystifikationen an, was die Publicity damals wie heute unterstützt: In dem Buch *Secret Societies of the Middle Ages* von Thomas Keightley (London 1837) zum Beispiel sind die mittelalterlichen Templer – bekanntlich ein anerkannter Ritterorden der katholischen Kirche –, zusammen mit der islamischen Mördersekte der Assassinen und der vom Kaiser legitimierten westfälischen Feme als

Geheimgesellschaft behandelt! Was heute in der dominierenden Informationsquelle des Internet an Ähnlichem herumspukt, lehrt ein kleiner Suchdurchlauf mit den beiden Stichwörtern »Geheimgesellschaft« und »Templer«.

Neutempler, Guttempler, Sonnentempler – lebt der Orden weiter?

Fiktive Kontinuität und experimentelle Neugründungen

Während des späten Mittelalters und der frühen Neuzeit erschienen zwar erstaunlich zahlreiche Publikationen über Rittertum und Ritterorden, aber niemand behauptete, der aufgelöste Templerorden wäre noch irgendwie insgeheim am Leben. Dieser Mythos beginnt erst in der ersten Hälfte des 18. Jahrhunderts mit den Freimaurern. Einer der Logengrade in Frankreich lautete »Ritter des Tempels«. Von dort war der Weg nicht mehr weit, zumal die Freimaurer teilweise phantasierten, sie seien als Nachfahren der Kreuzritter zu betrachten. Schon 1737 wurde ihre Organisation ausdrücklich mit der der Templer verglichen, und rasch entwickelte sich die Fiktion innerhalb der Geheimgesellschaft, sie würde von jenen Tempelrittern abstammen, die – angeblich – in Schottland die Jahrhunderte überdauert hätten, ohne je öffentlich bekannt zu werden. Nicht nur wurden auch alchemistische Elemente integriert, die Templer interpretierte man sogar als Vorläufer der antiklerikalen Strömung des 19. Jahrhunderts und Vertreter einer Naturreligion!

Freimaurer als Nachfahren

In Deutschland etablierte der Freimaurer Reichsfreiherr Karl von Hund und Altengrotkau (1722–1776) die »Strikte Observanz«, die sich als Nachfolge der Templerei gerierte und manche adelige Mitglieder aufweisen konnte. Allerdings waren die geheimnisvollen Oberen (wie namentlich »Der Ritter von der roten Feder«), von denen Hund seine Inspirationen erhalten haben wollte, nie zu materialisieren, und so löste sich die Gemeinschaft nach dem Tode des Freiherrn wieder auf.

Fabrè-Palaprat

Der erste über längere Zeit erfolgreiche Neo-Templerorden wurde in Frankreich zur Zeit Napoleons gegründet. Unter der Leitung des Arztes Bernard-Raymond Fabrè-Palaprat (1773–1838) blühte er auf und zählte manche Berühmtheit zu seinen Mitgliedern; der Kaiser selbst präsidierte 1808 eine seiner Sitzungen. Aufgrund gefälschter Dokumente ging Fabrè-Palaprat so weit, die Templer als die Nachfolger eines von Jesus Christus persönlich ins Leben gerufenen Ordens zu bezeichnen und ernannte sich zum Papst einer supremen Kirche des heiligen Johannes, was zur Abspaltung der konservativ-katholischen Neutempler führte. Angeblich existieren heute noch Hunderte von diesen beiden Organisationen abstammende lokale Vereinigungen.

Die Pariser Neutempler, schrieb ein zeitgenössischer Historiker, Ferdinand Wilcke, haben »auch einen Damenbund, von welchem alle Jüdinnen und nichtrömischen Katholischen ausgeschlossen sind. Doch herrscht ein heiterer Tag in diesen templerischen Salons, wie denn am 13. Januar 1833 die Einweihung des neuen Tempels zu Paris stattfand; 30 Templer und einige junge Templerinnen gaben dieser Zeremonie ein freundliches Ansehen. Ein tüchtiges Orchester führte mehrere brillante Symphonien auf, wie sie die alten Templer nie gehört haben mögen (...). Man betete für König Louis Philippe, hielt religiöse Vorträge und sammelte für die Armen.«

Sekten und Geheimbünde

Viele der Templermythen und Neubelebungen des Ordens stehen auch heute in Zusammenhang mit den Freimaurern. Andere integrieren Komponenten der *New Age*-Bewegung, wieder andere sehen sich als katholische Vereine mit karitativen Zielen und werden auch kirchenamtlich anerkannt. Der prestigeträchtige Name der Templer deckt offenbar ein großes Spektrum an Gruppen mit einem Hang zur Ritterromantik, zu einer militärischen Ideologie und zur Mystifikation ab, für die die Säkularisierung eine abzulehnende Tendenz in der gegenwärtigen Welt darstellt. Doch berufen sich nicht alle Vereinigungen mit dem Templernamen auf den mittelalterlichen Ritterorden. Zum Beispiel wählte die Tempelgesellschaft ihren Namen mit Blick auf den Jerusalemer Tempel als Sinnbild für das Reich Gottes auf Erden. Obwohl sich die Mitglieder dieser im 19. Jahrhundert in Württemberg aus pietistischer Frömmigkeit entstandenen Sekte als Templer bezeichnen, behaupten sie keinerlei Verbindung zu ihren katholischen Namensvettern aus dem Mittelalter zu haben.

Aleister Crowley

Einige Beispiele für mehr oder weniger harmlose selbst ernannte Templer, die man leicht vervielfältigen könnte, mögen die Breite der Möglichkeiten zeigen:

In Deutschland wurde 1767 eine kurzlebige Geheimgesellschaft mit dem Namen »Klerikat der Tempelherren« gegründet. Gründer war der Protestant Johann August Freiherr von Starck (der heimlich Katholik geworden war), Professor der Theologie in Königsberg. Freimaurerische, astrologische und theosophische Ideen bewegten die Mitglieder, deren Ritual sich vor einem Altar mit einer Baphomet-Figur vollzog.

Der »Ordo Templi Orientis« (Order of Oriental Templars), der auf Carl Kellner (1850–1905) zurückgeht und in dem der Begründer der Anthroposophie Rudolf Steiner eine leitende Funktion innehatte, zeichnete sich durch die Bedeutung sexueller Magie aus, in der das Geheimnis der mittelalterlichen Tempelherren bestanden habe (tatsächlich ist hier eine Rezeption des indisch/tibetanischen Tantrismus zu sehen). In spiritualistischen Séancen ließ man den Geist ihres letzten Großmeisters Jakob von Molay auftreten. Der bekannteste Anführer dieser Sekte war Aleister Crowley (1875–1947), er nannte sich den »allmächtigen Baphomet«. Obschon von den Obrigkeiten der Staaten, in denen er sich aufhielt, immer wieder des Landes verwiesen, hat er durch die Flut seiner Schriften (über Magie, Tarock etc.) die meisten Esoteriker des 20. Jahrhunderts beeinflusst.

Die oft naive Begeisterung für die Tempelei vonseiten freimaurerischer Adepten einerseits und der Kampf der Katholiken gegen die Logen andererseits legte es freilich auch nahe, damit ein ironisches Spiel zu treiben. Eine kirchenkritische Gruppe von Schriftstellern publizierte zu Ausgang des 19. Jahrhunderts angebliche Bekenntnisse, nach denen eine Sekte von Satanisten »Baphomet« als Palladium anbete. Das Idol der Templer sei durch die Jahrhunderte zusammen mit dem Schädel des verbrannten Großmeisters erhalten geblieben. Einer der Skribenten, C. Hacks (alias Bataille) erfand unterirdische Höhlen in den Felsen von Gibraltar, wo Baphomet-Figuren hergestellt würden. Diese und ähnliche Geschichten fanden in katholischen Zirkeln großen Anklang, da sie zur Propaganda gegen die Freimaurer dienlich waren. 1897 erklärte allerdings Gabriel Jogand-Pagès alias Léo Taxil (1854–1907), dass alles nur eine Mystifikation zur Verspottung der leichtgläubigen katholischen Hierarchie gewesen sei.

»Ordo Novi Templi«

Real war dagegen die Stiftung des rassistisch eingestellten Wiener Zisterziensers Jörg Lanz von Liebenfels (1874–1954): Es war der »Ordo Novi Templi« (gegründet 1900), von dem eine dualistische Religion vertreten wurde, nach der die blonden Arier göttlichen Ursprungs mit den dunklen Rassen tierischen Ursprungs zu kämpfen hätten. Liturgie, Tracht u.a.m. waren den Zisterziensern nachgebildet. Obwohl die Neutempler im Dritten Reich aufgelöst wurden, gilt Lanz von Liebenfels manchen als »der Mann, der Hitler die Ideen gab« (so der Buchtitel von Wilfried Daim, 1985).

Sonnentempler Auch noch nach dem Zweiten Weltkrieg kam es wiederholt zu neuen Gründungen. So entstanden angeblich 1952 (oder später?) die »Sonnentempler«, eine Institution vor allem für wohlhabende Esoteriker. Meditationen, Riten, Tabus, Arbeit für die Sektenführer prägten die Lebenssituation im Orden. Luc Jouret und Joseph Di Mambro, die sich als Wiedergeburten des Osiris, des Moses und eines mittelalterlichen Rittermönches feiern ließen, führten den Orden in den Untergang. Am 5. Oktober 1994 fand man in Cheiry bei Fribourg/Schweiz und in Granges-sur-Salvan 53 Tote, darunter auch Di Mambro und Jouret. Am 23. Dezember 1995 wurden im Vercors-Massiv zwischen Grenoble und dem Fluss Drome 16 verkohlte Leichen entdeckt, die sternförmig um ein Feuer angeordnet waren. Mord und Selbstmord in der Erwartung, in einem anderen Sonnensystem wiedergeboren zu werden, hatten zu diesen Massakern geführt, die den neutemplerischen Organisationen eine ungeahnte Präsenz in den Medien brachten. Offiziell scheint dieser Orden nicht mehr zu existieren.

Moderne Templer Als Beispiel für einen modernen ökumenisch-christlich orientierten Templerorden sei schließlich aus der Selbstbeschreibung des 1962 gegründeten »The Sovereign Military Order of the Temple of Jerusalem, Inc.« zitiert, einer von einem Groß-Prior geleiteten Organisation, die in den ganzen Vereinigten Staaten, namentlich an der Ostküste, Niederlassungen unterhält:

Der Orden »bemüht sich, den ritterlichen und karitativen Traditionen der ursprünglichen

Templer nachzueifern (...). Offensichtlich gibt es unter mitfühlenden Männern und Frauen ein wachsendes Verlangen, das Gute in der Welt zu verbreiten. Der Souveräne Militärorden des Tempels von Jerusalem wird mehr und mehr als Mittel betrachtet, dies zu tun. Seine freiwillige Grundlage erweitert sich schnell, sowohl was Anzahl als auch Fähigkeiten betrifft. Damit eine wachsende Freiwilligenorganisation wie SMOTJ in großem Maßstab effektiv sein kann, nutzt sie die unterschiedlichen Talente aller und vergrößert die Ergebnisse ihrer Bemühungen durch effektive Organisation – stets einen einzigen Brennpunkt, den des Kreuzzuges bewahrend.«

In Hogwarts?

Keiner der anderen Ritterorden des Mittelalters gelangte in der jüngeren Neuzeit zu einer derartigen Popularität wie die Tempelherren. Das manifestiert sich nicht nur in zahllosen Organisationen, die sich in der Nachfolge der Templer sehen oder sonst in einer Beziehung zu ihnen, sondern auch in teilweise recht bekannten Romanfiguren dieser Couleur, und nicht zuletzt, im 20. und 21. Jahrhundert, in einer Fülle von wissenschaftlichen und populären Publikationen über den Orden und seine ›Geheimnisse‹. Templer-Sachbücher werden fast wie Kriminalromane oder Fantasy-Literatur konsumiert; dass nie ein Tempelritter in Hogwarts aufgetaucht ist, erstaunt geradezu.

Das Foucaultsche Pendel – Fiktion oder Wahrheit?

Templerromantik und -romane

Mit Wolfram von Eschenbach begann im frühen 13. Jahrhundert der Mythos der Templer. Oder ein paar Jahre früher, wenn der von dem fränkischen Dichter genannte Gewährsmann aus der Provence, Kyot, von dem er seinen Stoff haben will, keine literarische Fiktion ist. Im *Parzival* sind die »Templeisen« noch eine Schar idealisierter Kreuzritter, die auf einer Zauberburg den Heiligen Gral hüten. Ähnlich positiv erscheinen sie auch in manchen anderen literarischen Texten des 13. Jahrhunderts.

Der erste Templerroman

Wolfram von Eschenbach, *Parzival* (468, 24 ff.)
»ez wont manc werlîchiu hant
ze Munsalvæsche bîme grâl.
durch âventiur die alle mâl
rîtent manege reise:
die selben templeise,
swâ si kumbr od prîs bejagent,
für ir sünde si daz tragent.«

»Es wohnt manch wehrhafter Kämpfer
in Montsalvage beim Gral,
die reiten alle Mal um Abenteuer
auf manche Kriegsfahrt:
Diese Templeisen eben,
was immer sie an Kummer oder Gewinn erjagen,
sie tragen es [als Buße] für ihre Sünden.«

Templer-Literatur

Nach der Auflösung des Ordens waren die mittelalterlichen Stimmen nicht mehr so freundlich; oben wurde bereits der französische *Fauvel* erwähnt, der den Orden völlig negativ darstellt, ähnlich die sonstige pro-königliche Literatur im späten Mittelalter. Durchaus berühmter ist freilich die *Weltchronik* des Nürnbergers Hartmann Schedel, in der deutschen Fassung 1493 gedruckt: Sie lobt die Anfänge dieses Ritterordens, bemerkt aber auch den mit ihrem Reichtum einhergehenden moralischen Verfall.

Etwa um 1530 formulierte der Kölner Gelehrte Agrippa von Nettesheim seine Zweifel, ob die Templer mit den Hexen zu den Adepten einer dämonischen Magie zu zählen seien, wie er ursprünglich annahm, oder doch eher nicht. Gelegentlich gab es aber im 14. und 15. Jahrhundert noch Autoren, die mit der Kirchengeschichte so schlecht vertraut waren, dass sie längst in den Besitz der Hospitaliter übergegangene Niederlassungen der Tempelherren weiterhin als Tempel bezeichneten.

Wir können hier nur einige Beispiele für das literarische Auftreten der Tempelherren in der jüngeren Belletristik geben, sie spielen verständlicherweise in zahlreichen Mittelalterromanen eine Rolle.

Christiane Benedikte Naubert (1756–1819), eine frühe Vertreterin des historischen Romans, machte in einem ihrer etwa fünfzig (meist anonym publizierten) Bücher einen Templer zur

Hauptfigur, der aus dem Heiligen Land nach Europa reist. Der über tausend Seiten umfassende Abenteuerroman *Walter von Montbarry, Großmeister des Tempelordens* (1786), der als getreue Schilderung des Lebens im späten 12. Jahrhundert galt, war seinerzeit ein Erfolg und wurde auch in andere Sprachen übersetzt.

Auch auf das Theater gelangten die Templer; überflüssig, an die christliche Hauptfigur in Lessings *Nathan der Weise* zu erinnern. Vergessen ist dagegen heute eine 1805 in Paris aufgeführte Tragödie, *Les Templiers* von François Raynouard, die das Ende des Ordens dramatisch bearbeitete. Zwei Jahre später wurde der Verfasser, der auch durch grundlegende wissenschaftliche Werke namentlich zu den Troubadours und den Templern bekannt ist, in die Académie française aufgenommen.

Les Templiers

Gegen eine dem Schuldgeständnis gleichkommende Gnadenbitte des Großmeisters Jakob von Molay will Philipp der Schöne den Ordensmitgliedern das Leben schenken.

»Tempelmeister: Diese erhabenen Wohltaten eines allmächtigen Fürsten
sind einzig für den Schuldigen, nicht jedoch für den Schuldlosen!
Pardon zu erbitten, heißt ein Verbrechen gestehen ...
Bleibt uns nichts als der Tod, uns zu rechtfertigen?
Wir verlangen nach dem Tod!

König: Wenn ich aber doch das Leben anbiete?

Tempelmeister: Sire, bieten Sie uns die Ehre an!
Eine Gnade ist nichts – wir bedürfen der Gerechtigkeit.
Es ist unsere Verurteilung, die unsere Exekution bedeutet.
Unseres Ranges beraubt, verfolgt, proskribiert,
auf Hass nur stoßend überall und auf Verachtung,
wenn wir nach dieser traurigen Umkehr weiterleben können.
Es muss uns, unglücklich wie wir sind, zumindest die Ehre bleiben!
Garantieren Sie unsere Ehre, Sire, und von Ihren Knien weg
fliegen wir zum Kampf und sterben wir für Sie!«

(V. Akt, 4. Szene)

Heute weit berühmter als das dramatische Werk Raynouards ist der Kreuzritterroman *Ivanhoe* seines schottischen Zeitgenossen Sir Walter Scott (1820). Dem titelgebenden angelsächsischen Helden tritt hier als Gegenspieler beim Turnier der normannische Templer Brian de Bois-Guilbert entgegen. Dieser entführt die schöne Jüdin Rebekka, wird aber von ihr abgewiesen, weswegen sie als Hexe verbrannt werden soll. Ein Zweikampf soll als Gottesurteil entscheiden, das Ivanhoe natürlich gewinnt, Rebekka darf England verlassen. Der Templer und sein Orden spielen hier also die Rolle der Bösewichte. Dieser Geschichte haben sich auch die Oper und der Film angenommen, es gibt Verfilmungen unter anderem mit Elizabeth Taylor und Roger Moore, selbstverständlich auch Fernsehserien, wo Gegenwart und Mittelalter aufeinanderprallen wie in *The Last Templar*, immerhin mit Omar Sharif. Die Rittergestalten Scotts wurden im angloamerikanischen Bereich sogar so bekannt, dass man sie auch als Spiel- und Spielzeugfiguren in die Kinderzimmer einführen konnte.

Ritterromantik

Mittelalterromantik war im 19. Jahrhundert und ist bis in die Gegenwart ein Element der Faszination geblieben, dem auch die Templer ein agiles ›Nachleben‹ verdanken. Neben dem ›Geheimnis‹ ihrer Lehre und den Umständen ihres Untergangs natürlich.

Humanismus und Barock hatten das ›mittlere Alter‹ durchaus negativ gesehen, für die Männer der Französischen Revolution galt der Feudalismus als hassenswertes Überbleibsel aus jener Zeit. Gegen die Neuerungen der Aufklärung und Revolution wurden jedoch vor allem von katholischer, ultramontaner Seite Gegenbilder aufgebaut, etwa das einer Epoche der christlichen Erfüllung. Ebenso bei den Anglikanern und den Protestanten: Gerade der wichtigste deutsche Frühromantiker, der in pietistischer Tradition stehende Novalis, lebte zeitweise auf dem Schloss eines Landkomturs des Deutschen Ordens. Dieses romantische Ideal der Wiederbelebung einer glaubensfreudigen Epoche drückte sich ganz besonders in der neuromanischen und -gotischen Architektur aus, die den Kirchenbau des 19. Jahrhunderts beherrschte.

Im Zuge der Ritterromantik mussten auch die Militärorden als einmalige und zeittypische Kombination von zwei das Mittelalter geradezu verkörpernden Figuren, der des Mönches und der des Ritters, Beachtung finden. Allerdings weniger in der Literatur und bildenden Kunst als in der Schaffung fiktiver Nachfolgervereinigungen.

Es wäre ein Wunder gewesen, wenn die fantastischen Autoren um 1900 an den Templern vorbeigegangen wären. Einer der berühmtesten, Gustav Meyrink (1868–1932), lässt in seiner tiefsinnigen Novelle *Meister Leonhard* die Ahnen der Hauptperson geweihte Ritter der »echten Templer« sein, »die den Satan zum Schöpfer der Welt erheben«. Auch die Nachkriegszeit blieb von der fiktiven Templerei auf dem Papier nicht verschont: 1965 erhielt der französische Autor Pierre Klossowski sogar den Prix des Critiques für seinen Roman *Le Baphomet,* in dem homoerotische Templerrituale eine Rolle spielen. Als erfolgreich erwiesen sich auch *Les Rois Maudits* (die verfluchten Könige) von Maurice Druon, ein 1970 erschienener Mittelalter-Roman, in dessen Verfilmung Gérard Depardieu den Großmeister Jakob von Molay spielte.

Jakob von Molay wird 1314 auf dem Scheiterhaufen verbrannt; er trägt, wie tatsächlich üblich, einen Papierhut, auf dem er als Häretiker, Apostat, Teufelsanbeter etc. bezeichnet wird.
Aus der Fernsehserie *Les Rois Maudites.*

Umberto Eco

Seit dem Zeitalter des Barocks und der Aufklärung geistert die Vorstellung durch die außerwissenschaftliche Literatur, die Templer hätten über geheime Macht und geheimes Wissen, vielleicht sogar geheime magische Kräfte verfügt. Dieses Motiv verfolgt in jüngerer Zeit der nach *Ivanhoe* wohl bestbekannte Roman, der mit den Tempelherren zu tun, hat: *Das Foucaultsche Pendel* von Umberto Eco (1988). Der Titel bezieht sich auf den Pendel-Versuch, mit dem der Physiker Léon Foucault 1851 die Erdrotation bewies. Eco lässt einen Journalisten auftreten, der eine Arbeit über die Templer verfasst und so mit allen möglichen esoterischen Personen und Organisationen konfrontiert wird. Ein angeblicher Geheimplan der Tempelritter hätte sie zur Weltherrschaft führen sollen, denn sie hätten Zugang zu einer verborgenen Energiequelle gehabt, dem Heiligen Gral. Die Vernichtung des Ordens durch den französischen König sei in Wirklichkeit von ihnen selbst veranlasst worden; kleine Templer-Gemeinschaften hätten jedoch ihr Wissen weitergeben, um 1944 an die absolute Macht zu kommen. Doch missglückte der Plan, und die genannten Gemeinschaften entwickelten sich zu verschiedenen Geheimgesellschaften …

Ecos erfolgreiches Buch (von über 750 Seiten) ist eine Enzyklopädie gelehrten Wissens und eine Abenteuergeschichte, doch auch eine Satire auf die zahlreichen historisch unsinnigen, aber ernst gemeinten Theorien um die Geheimlehren des Ordens und den Mythos vom Gral.

Was an Literatur über die Templer auf dem Buchmarkt und auf Webseiten angeboten wird, reicht von der akribisch-philologischen Quellenpublikation bis zur Schundliteratur. Es gibt keine Verbindung, die bestimmten Verfassern (und offenbar

Das Foucaultsche Pendel

»Gewisse moderne Esoteriker behaupten, die Templer hätten sich auf indische Lehren berufen. Der Kuss auf den Hintern habe dazu gedient, die Schlange Kundali zu wecken, eine kosmische Kraft, die an der Wurzel des Rückgrats sitze (...) da sollte sie dann in der Stirn ein drittes Auge öffnen, das Auge der direkten Sicht in Zeit und Raum. Deswegen sucht man noch heute nach dem Geheimnis der Templer. – Philipp der Schöne hätte lieber die modernen Esoteriker verbrennen sollen, anstatt dieser armen Teufel. – Ja, aber die modernen Esoteriker haben keinen Pfennig. – Da sehen Sie mal, was für Geschichten man noch zu hören bekommt ... Jetzt verstehe ich endlich, warum diese Templer so vielen von meinen Irren im Kopf herumspuken.«

Aus dem 14. Kapitel des *Foucaultschen Pendels*.

auch Lesern) von sogenannten Sachbüchern zu absurd wäre, jeder kann sich im Internet davon überzeugen. Von der Bundeslade bis zur Manna-Maschine – anscheinend kann man mit allem Geld verdienen, wenn man es mit den »geheimnisvollen« Tempelrittern verquickt. Schatz, Geheimnis, Blut, Rätsel dürften die beliebtesten Begleiter der Templer in diesen Medien sein, in denen auch Krimi- und Fantasy-Texte als Literatur auftreten. Und mit der Großen Göttin, Templerinnen und Alchemistinnen finden sich dann auch feministisch bewegte Esoterikerinnen bedient.

Templer-Events

Es wird den Leser an dieser Stelle wenig überraschen, wenn er erfährt, dass auch ein Touristen-Event namens »Festival des Templiers« existiert: Seit 1995 kann man unter diesem Titel und selbstredend mit einer karitativen Nuance an einem Wettlauf der Kommune Nant in den Pyrenäen teilnehmen. »Um das große Abenteuer der Templer zu erleben. Die Legende des Trails, des größten Frankreichs auf einem Parcours zwischen den Causses und den Cevennen.« In Trani (Süditalien) gibt es ein historisches Schauspiel, *Die Nacht der Templer* – und so weiter.

In der Tat, die Templer sind unter uns (um auf den Titel einer weiteren Templerfantasie anzuspielen). Oder richtiger: Phantome, die nichts weiter als den Namen mit ihnen gemein haben.
(nicht alle Daten der Regierungszeiten der Großmeister sind gesichert)

Anhang

Chronologie

1099 Die Kreuzfahrer erobern Jerusalem von den Türken. Errichtung von christlichen Staaten und einem katholischen Patriarchat im Heiligen Land.

1118 Hugo de Paganis (Hugo von Payens) erhält von König Balduin II. die erste Ordensniederlassung im Jerusalemer Tempelbezirk, um mit seinen Rittern Pilger zu beschützen.

1128 Auf dem Konzil von Troyes kommt es unter tatkräftiger Mitwirkung des Zisterzienserabtes Bernhard von Clairvaux zur kirchlichen Anerkennung der Armen Ritter vom Grabe Christi; Bernhard verfasst eine Regel für sie, desgleichen ein enthusiastisches Werbetraktat, betitelt *Zum Lob der neuen Ritterschaft*

1136 Der erste Meister der Templer Hugo de Paganis stirbt, auf ihn folgt Robert de Craon.

1139 Papst Innozenz II. erteilt mit der Bulle *Omne datum optimum* dem Orden das Privileg, nur unter seiner Jurisdiktion zu stehen.

1146 Der Templermeister Robert de Craon stirbt, auf ihn folgt Everard des Barres.

1149 Everard des Barres zieht sich ins Kloster Clairvaux zurück, auf ihn folgt 1151 Bernard de Tremelay.

1149/50 Übergabe Gazas an die Templer.

1153 Bernard de Tremelay stirbt, auf ihn folgt Andress de Montbard.

1154 Errichtung der Templerkirche in London.

1156 Andress de Montbard stirbt, auf ihn folgt Bertrand de Blanchefort.

1165 Bertrand de Blanchefort stirbt, auf ihn folgt Philippe de Milly.

1171 Philippe de Milly wird durch Odo de St. Amand ersetzt, unter dem viele Templer im Kampf gegen Saladin fallen.

1179 Odo de St. Amand stirbt, auf ihn folgt mit Arnaud de Toroge erstmals kein Franzose, sondern ein Spanier.

1184 Arnaud de Toroge stirbt, auf ihn folgt Gerhard von Ridefort.

1187 In der Schlacht von Hattin beim See Genezareth besiegt Saladin die nicht zuletzt durch den schlechten Rat Gerhards die Christen, nimmt den König von Jerusalem und den Templergroßmeister gefangen. Es werden alle Tempelritter, die die Schlacht überlebten, sofort hingerichtet. Jerusalem wird von den Muslimen besetzt.

1188 Der gefangene Gerhard wird gegen mehrere Burgen eingetauscht.

1189 Gerhard von Ridefort stirbt, auf ihn folgt der Deutsche Walther von Spelten.

1191 Im Verlauf des Dritten Kreuzzugs wird Akkon von den christlichen Truppen unter entscheidendem Einsatz der Templer genommen. Sie errichten dort ihr neues Hauptquartier.

1191 Walther von Spelten stirbt, auf ihn folgt Robert de Sabless.

1191/92 Die Templer kaufen Zypern von dem englischen König Richard Löwenherz.

1191/1216 Kampf der Templer gegen die christlichen Armenier; es geht um Landbesitz.

1193 Robert de Sabless wird durch Terricus oder Gilbert Horal ersetzt.

1200 Gilbert Horal stirbt, auf ihn folgt Phillipe de Plessis.

1217 Phillipe de Plessis stirbt, auf ihn folgt Guillaume de Chartres.

1217/21 Die Burg Atlit wird erbaut.

1219 Guillaume de Chartres stirbt und wird von Pedro de Montaigu gefolgt.

1229/30 Pedro de Montaigu stirbt, auf ihn folgt Armand de Pessrigord. Die Templer verbünden sich mit dem Sultan von Damaskus gegen Ägypten.

1241 Templer nehmen an der Schlacht von Liegnitz teil, bei der das christliche Heer von den Mongolen vernichtet wird.

1244 Armand de Perigord stirbt, auf ihn folgt Richard de Bures.

1247 Richard de Bures stirbt, auf ihn folgt Guillaume de Sonnac.

1250 Guillaume de Sonnac wird von Renaud de Vichiers abgelöst.

1256 Renaud de Vichiers wird von Thomas Bérard abgelöst.

1263 Plünderung des Londoner Tempels durch Prinz Eduard.

1272/73 Thomas Bérard stirbt, auf ihn folgt Guillaume de Beaujeu.

1291 Die Templer können Akkon nicht halten und fliehen auf die Inseln Ruad (heute Aruad, vor der syrischen Küste) und Zypern.
Guillaume de Beaujeu fällt, auf ihn folgt Thibaud Gaudin.

1292/97 Thibaud Gaudin wird von Jakob von Molay abgelöst.

1300/02 Vergebliche Versuche der Rückeroberung von Teilen der Levante von der Inselfestung Ruad aus.

1302 Ruad wird von den Türken erobert.

1307 König Philipp IV. von Frankreich (1268–1314) lässt alle Templer seines Reichs am 13. Oktober verhaften und foltern, um ein Geständnis ihrer angeblichen Religionsfrevel zu erhalten. Es folgen Festnahmen in nahezu ganz Europa. Die Prozesse enden fast überall mit Schuldsprüchen, oft wird die typische Ketzerstrafe der Verbrennung verhängt.

1312 Am Konzil von Vienne hebt Clemens V. den Orden aus apostolischer Machtvollkommenheit auf.

1312 Die Besitzungen des Ordens gehen teils an die Hospitaliter, teils an Philipp IV. und andere Herrscher.

1314 Jakob von Molay erleidet den Feuertod, da er sein unter der Folter gemachtes Geständnis widerruft.

Wo finden sich die authentischen Quellen zur Geschichte der Templer?

Vor allem folgende Typen von zeitgenössischen Quellen enthalten Informationen über den Orden:

- narrative Texte, also etwa Werke der Geschichtsschreibung,
- normative Texte, wie bes. die Fassungen der Ordensregel, aber auch die Beschlüsse von Kirchenkonzilien, die sich mit dem Orden beschäftigten,
- Briefe, fast durchgehend von offiziellem oder offiziösem Charakter, wie zum Beispiel von Päpsten an die Ordensleitung oder an einen Herrscher,
- sonstiges Archivmaterial, also Urkunden, etwa über Schenkungen an eine Komturei, Rechnungen, Aufstellungen der Rechte und des Besitzes einer Niederlassung usf. Auch Urkunden, die von der Ordensleitung ausgestellt wurden, sind zum Teil mit Siegeln erhalten.
- Besonders bekannt (und umfangreich) sind die Materialien, die im Zusammenhang mit dem Verfahren gegen die Templer entstanden, wie königliche und päpstliche Anweisungen zur Gefangennahme und zum Verhör und vor allem die Prozessakten, die die Aussagen der Ritter und anderer Personen überliefern.

- Texte der Dichtung des 13. und 14. Jahrhunderts, in denen Templer erwähnt werden, kommen hinzu.

Alle diese Quellen sind teilweise als Originale, teilweise als noch mittelalterliche Abschriften in Bibliotheken, Archiven und Museen erhalten, wo sie eingesehen werden können. Dazu ist selbstverständlich eine genaue Kenntnis der damaligen Schriftarten sowie der Sprachen notwendig, in denen sie verfasst wurden, also Mittellatein, Altfranzösisch, Mittelhochdeutsch etc.

Sehr viele dieser Texte sind bereits ediert worden, einige wurden auch in moderne Sprachen übertragen.

Von größter Bedeutung sind ferner die Bauwerke aus Templerbesitz, namentlich Burgen, Kirchen und Klosteranlagen, bisweilen mit Wandmalereien versehen; sie gehören zu den sog. historischen Überresten.

Ausgewählte Literatur

Addison, Ch. G., The History of The Knights Templars. The Temple Church, and the Temple, London 1842.

Barber, M., Die Templer, Düsseldorf 2005.

Beck, A., Der Untergang der Templer, Freiburg [3]1998.

Demurger, A., Die Templer, München [4]1994.

Dinzelbacher, P., Die Templer. Ein geheimnisumwitterter Orden?, Freiburg 2002.

Finke, H., Papsttum und Untergang des Templerordens, Münster 1907.

Frenschkowski, M., Einleitung, in: Wilcke, S. 7–25.

Lambert, E., L'architecture des Templiers, Paris 1955.

Melville, M., La vie des Templiers, Paris [2]1974.

Mollier, P., Neo-Templar Traditions, in: Dictionary of Gnosis and Western Esotericism, ed. Hanegraaff, W., Leiden 2006, S. 849–853.

Münter, F., Statutenbuch des Ordens der Tempelherren [Neuausgabe], Sinzheim 2002.

Nicholson, H., The Knights Templar. A New History, Stroud 2001.

Read, P. P., Die Templer, München 2005.

Wilcke, F., Geschichte des Ordens der Tempelherren [Neuausgabe], Wiesbaden 2005.

Im Internet finden sich noch sehr viele Seiten mit Templer-Bezug; die meisten von zweifelhafter Seriosität. Dies gilt nicht für:
http://www.templerlexikon.uni-hamburg.de/

Bildnachweise

S. 24: Kopie eines Siegels der Tempelritter in einer Ausstellung in Prag. © Hinterkappelen. http.//de.wikipedia.org/wilei/Templerorden

S. 27: Matthew Paris: Zwei Templer mit Wappenschilden auf einem Pferd, Miniatur, Mitte 13. Jh. aus Nicholson, Knights 30. © Master and Fellows of the Corpus Christi College, Cambridge

S. 41: Angreifender Templer, Kirche von Cressac en Charente, 12. Jh.
© http://www.insolite.asso.fr/templiers/cressac.htm

S. 42: Templer Farbholzstich, unbez. Nr. 43 der Folge: Zur Geschichte der Kostüme, München (Braun und Schneider) o.J. (Münchner Bilderbogen Nr. 733). Berlin, Slg. Archiv f. Kunst & Geschichte. Foto: akg-images

S. 49: Paris (Frankreich), Temple (ehem. Ordenshaus der Tempelherren; während der Franz. Revolution Staatsgefängnis). « Vue des tours du Temple (...) ». Aquatintaradierung, um 1790, von Jean-Baptiste Chapuy (um 1760 - 1802) nach Carbizza. Berlin, Slg.Archiv f. Kunst & Geschichte. Foto: akg-images

S. 60: Grundriss der Pariser Templerkirche. Dictionnaire raisonné de l'architecture française du XIe au XIe siècle, Mitte 19. Jhdt.

S. 79 : Hinrichtung Jacques de Molays und Godefrois de Charnys 1314, frz. Miniatur des 15. Jhdts.

Wissen, was stimmt

Gesellschaft, Politik & Landeskunde

Elmar Theveßen
Al-Quaida
Band 6107

Kristin Kupfer
China
Band 5888

Werner Zittel
Jörg Schindler
Geht uns das Erdöl aus?
Band 6064

Stefan Deges
Globalisierung
Band 6054

Steffen Hagemann
Israel
Band 6159

Tanja Krämer
Kampf ums Wasser
Band 5942

Hartmut Graßl
Klimawandel
Band 5899

Volker Koop
Nationalsozialismus
Band 6132

Alexander Flores
Der Palästinakonflikt
Band 6082

Michael Kempe
Piraten
Band 6114

Sven Felix Kellerhoff
RAF
Band 5771

Johannes Dillinger
Terrorismus
Band 5866

Uli Franz
Tibet
Band 6037

Susanne Güsten
Thomas Seibert
Türkei
Band 5734

Lebenshilfe & Psychologie

Karin Schleider
ADHS
Band 6016

Daniel Hell
Depression
Band 5817

Ulrike Gonder
Ernährung
Band 6001

Almut Zeeck
Essstörungen
Band 5772

Naturwissenschaft

Josef H. Reichholf
Evolution
Band 5779

Christine Wörlen
Erneuerbare Energien
Band 6215

Norbert Herschkowitz
Das Gehirn
Band 5746

Wolfram Henn
Eckart Meese
Humangenetik
Band 5744

Stefan H. E. Kaufmann
Seuchen
Band 6102

Religion

Gerlinde Baumann
Die Bibel
Band 5955

Matthias Pöhlmann
Freimaurer
Band 5964

Rita Voltmer
Hexen
Band 5868

Stefan Kiechle
Die Jesuiten
Band 6100

Ludwig Ammann
Islam
Band 5736

Sebastian Schmidt
Reformation
Band 5893

Jürgen Erbacher
Vatikan
Band 5985